Mensch ärger mich nicht

Erkenne Dich selbst!

Norbert Lotte

AF191377

Norbert Lotte

Mensch ärger mich nicht...

... sprach mein Ego und stellte dabei lächelnd eine neue Falle auf.

Erkenne Dich selbst!

Empfehlungen und Techniken für ein erfüllendes Leben

Erste Auflage © 2024, Norbert Lotte
Benzstraße 10
80997 München

Kia Kahawa Verlagsdienstleistungen:
Lektorat: Julia Österreicher
Korrektorat: Celina Keute
Buchsatz und Coverdesign: Michael Kotzold
E-Book: Michael Haitel
www.kahawa.de

Verlag:
BoD · Books on Demand GmbH, In de Tarpen 42, 22848 Norderstedt,
bod@bod.de
Druck:
Libri Plureos GmbH, Friedensallee 273, 22763 Hamburg

ISBN: 978-3-7693-7740-8

Meiner geliebten Ehefrau Renate
für ihre Geduld, mich und mein Ego
seit 54 Jahren zu ertragen.

INHALT

VORWORT

Wer träumt nicht davon, eines Tages auf ein erfülltes Leben zurückzuschauen?

Mit gerade mal 30 Jahren startete ich als selbstständiger Rechtsanwalt ins Berufsleben. Dabei hatte ich oft das Gefühl, ich müsste sterben, wenn Mandanten mit „überlebenswichtigen" Problemen kamen. Sei es bei der Arbeit, in der Familie oder beim Hausbau. Diese Emotionen begleiteten mich während der ersten Monate. Doch ich musste sie ertragen und weitermachen.

Heute blicke ich entspannt lächelnd auf diese Anfangszeit zurück. Denn ich habe damals einige der wichtigsten Lektionen für mein Leben gelernt. Ehrlich gesagt war ich anfangs schlecht darin, einfache, praktikable Lösungen für die „lebenswichtigen" Rechtsprobleme meiner Mandanten zu finden. Oft fühlte ich mich, als würde ich mich im Kreis drehen oder auf der Stelle treten.

Dieses Buch will nicht wissenschaftlich fundiert oder journalistisch korrekt recherchiert sein. Ich schreibe es als erwachsener Mann, Ehemann und Vater von vier tollen Kindern. Dabei spricht ein Herz voller Aufrichtigkeit, Dankbarkeit und Liebe. Ich verwende das persönliche und vertrauensvolle Du.

Ich möchte dir zeigen, warum es normal ist, sich manchmal so zu fühlen, als würde man auf der Stelle treten, ohne echte Fortschritte zu machen. Spürst du tief in dir den Wunsch, mehr aus deinem Leben und deinen Talenten zu machen? Wahrscheinlich sehnst du dich auch danach, deine Entwicklung zu beschleunigen und den nächsten Schritt zu gehen.

In diesem Buch erfährst du die entscheidenden Schlüsselfaktoren zu Glück, Erfolg und Erfüllung – Geheimnisse, die dein persönliches Wachstum auf ein völlig neues Level bringen. Die Grundlage dafür bildet weniger das gesammelte Wissen der Menschheit als vielmehr meine eigene Lebensweisheit aus 72 Jahren und 52 Ehejahren mit meiner Frau Renate.

Nichts ist frustrierender als das Gefühl, festzustecken. Kommt dir diese Situation bekannt vor? Mit den richtigen Werkzeugen kannst du Barrieren durchbrechen und einen klaren Weg zu dauerhaftem Wachstum und echter Zufriedenheit einschlagen. Du befreist dich von sich wiederholenden Mustern, die dich zurückhalten. Du lernst, über deine aktuellen Grenzen hinauszuwachsen und deine Gedankenwelt neu zu gestalten. Praktische Schritte helfen dir, die Faktoren, die echten Erfolg bringen, in dein tägliches Handeln zu integrieren.

Mehr als 40 Jahre habe ich Bücher aus Religion, Philosophie, Psychologie, Esoterik und Freimaurerei verschlungen. Fast 30 Jahre lang besuchte ich die Bruderabende meiner Loge. Dabei erkannte ich, dass es keine einfache Methode gibt, um Wünsche zu verwirklichen und Ziele zu erreichen, die für jeden funktioniert. Lange suchte ich vergeblich und verlor manchmal die Orientierung. Je mehr ich las, desto verwirrender wurde die Informationsmenge. Vieles ähnelte sich, war aber dennoch so anders, dass sich keine direkte Relevanz herstellte. Eine Struktur, in die sich die Informationen einordnen ließen, fand ich nicht.

Das Problem? Das Leben versteckt sich im Augenblick. Jeder Moment ist einzigartig, unvergleichlich und nicht wiederholbar. Im eigenen Kopf passiert genau das mit den eigenen Gedanken. Wir wissen kaum, wann und woher sie kommen und was sie bewirken. Das, was wir für Wirklichkeit halten, ist nur ein winziger Ausschnitt der Realität. Dieser Ausschnitt bildet nur eine Kopie unseres Verstandesmusters. Unser Verstand filtert die Wirklichkeit, bis sie ihm gleicht. Deswegen sind wir Gefangene seiner Strukturen. Das Leben ist angenehm, solange die Welt bekannt, sicher und vorhersehbar bleibt.

Irgendwann treten Probleme auf, die der Verstand nicht lösen kann, weil die Lösungen außerhalb seines Wirkungskreises liegen. Wenn wir dann Lösungen finden wollen, müssen wir unsere Wahrnehmung optimieren und unser Denken neu ausrichten.

Alte Strukturen müssen teilweise aufgelöst und in neue, elastische Muster überführt werden.

Bist du sicher, dass du mehr darüber erfahren möchtest?

Okay, dann lass uns mit folgender Veränderung starten, die später im Buch ausführlich erklärt wird:

„Schau in dich, schau um dich, schau über dich."

Mach es. Es ist dein Leben.

KAPITEL 1

„Mensch, ärgere mich nicht" – Sprach das Ego nach einem tiefen Blick in den Spiegel

BAUPLAN FÜR EIN ERFÜLLTES LEBEN

Was auch immer ICH in persona erlebe und erfahre, ICH bin in jeder Situation in der Lage, damit umzugehen und einen Lösungsweg zu finden.
Dabei ist es völlig egal, vor was für einer Situation du stehst. Mach dir immer klar, dass du die einzige Person bist, die für deine jetzige Situation verantwortlich ist. Folglich bist du auch die einzige Person, die dein ureigenes Problem lösen kann.

Schon hier kommen wir zu einem Punkt, an dem viele vom Verstand gesteuerte Menschen ins Grübeln kommen werden, weil sie glauben, dass negative Gefühle „echte" Gefühle sind. „Jetzt hör aber mal auf – schlechte Gefühle sollen keine echten Gefühle sein?", meldet sich sofort dein Verstand. „Was sind die denn dann?" Nun, die Antwort ist einfach. Schlechte Gefühle entstehen meist dann, wenn sich dein Herz in einem Zustand jenseits von Liebe, Licht und Wärme wähnt, also wenn du dich depressiv, ängstlich, hilflos, schwach, verzweifelt oder gereizt fühlst oder dich in einem sonstigen negativen Zustand befindest. Solche schlechten Gefühle treffen dich meist sehr heftig und gehen häufig mitten ins Herz. Aber, und jetzt kommt die Auflösung: Negative Gefühle werden von negativen Gedanken erzeugt, die sich immer auf die selbst gewählten und/oder im bisherigen Leben selbst erlebten Erfahrungen beziehen. Wow, das ist richtig starker Tobak. Aber Fakt ist, dass schlechte Gedanken lediglich „Vorstellungen" sein können. Wir haben nämlich zunächst einmal nur eine Vorstellung davon, was wir denken oder fühlen könnten. Deine Vorstellungskraft erzeugt Gedanken und diese lösen dann die entsprechenden Gefühle aus. Leider richten sehr viele Menschen ihre Aufmerksamkeit von Haus aus auf ihre negativen Gefühlszustände, weil sie sich seit ihrer frühen Kindheit daran gewöhnt haben.

Stell dir vor diesem Hintergrund zunächst einmal vor, wie du ein Problem angehen würdest, wenn du die höchste Position der Welt bekleiden würdest und alle denkbaren Optionen zur Verfügung hättest.

Probleme haben wir doch alle. Und sicher hast auch du deine Patentrezepte, wie du sie lösen kannst. Und falls diese nicht ausreichen, kannst du immer noch den Helfer Kreativität zurate ziehen.

Viele Menschen betrachten Kreativität immer noch als besonders wichtig, um Probleme zu lösen oder innovative neue Produkte zu entwickeln. Nun, das gilt zumindest für die Bereiche, in denen man sichtbar mit ihr „Geld verdienen kann". Doch Kreativität ist erheblich mehr als nur ein „simpler Problemlöser". Es existieren aber auch zahlreiche andere Wege, Probleme zu bewältigen, ganz ohne den Einsatz kreativer Lösungstechniken.

Suche immer zuerst nach dem wahren Problem. Nicht nur Personen, die hektischem Aktionismus nachgeben, können den eigentlichen Kern verfehlen. Wenn du nicht erkennst, wo sich das eigentliche Problem befindet, verlierst du kostbare Zeit. Möglicherweise bist du nicht in der Lage, das Problem angemessen zu identifizieren, und folglich auch nicht, es effektiv zu lösen. Du kannst natürlich zum Beispiel – wie ursprünglich ich – um jeden Preis umziehen wollen. Und das ergibt auch Sinn, wenn es konkrete Gründe dafür gibt. Wenn es aber nur darum geht, die Nachteile der jetzigen Wohnung abzustellen, ist das Problem nicht der Umzug, sondern es sind die Mängel der aktuellen Wohnung. Und die Lösung für dieses Problem kann erheblich günstiger, einfacher und besser sein, als es jeder Umzug wäre. Frage dich also immer als Erstes: Worum geht es hier eigentlich? Womit genau habe ich ein Problem? Erst dann kannst du entscheiden, in welcher Richtung eine Lösung zu finden ist.

Mach es so wie immer. Das ist ein Klassiker, und aus gutem Grund: Meist reicht es wirklich, wenn wir unser Erfahrungswissen aktivieren und überlegen, wie wir ähnliche Probleme früher gelöst haben. Doch Achtung: Mitunter geht diese Haltung auch daneben. Hüte dich vor Betriebsblindheit, der Gewohnheitsfalle und anderen Denkfehlern.

Manche nennen es Bauchgefühl, manche den „sechsten Sinn". Tatsache ist, dass wir oft intuitiv spüren, wo der Hund begraben liegt und wie wir unser Problem lösen könnten.

Oder genauer gesagt: Wir würden es spüren, wenn wir es uns selbst erlauben würden (viele trauen ihrem Instinkt da leider nicht) und wenn wir natürlich besagte Intuition „griffbereiter" hätten.

Achte auf deine Geistesblitze. Kreativität und Intuition gehen Hand in Hand und bedingen sich oft gegenseitig. Wenn es nicht dein Bauch ist, der dir hilft, kann es eine spontane Idee oder ein Geistesblitz sein. Diese fördern also zu diesem Zweck mindestens genauso intensiv deine Kreativität.

Hole dir die Meinungen von anderen ein. Eine ganz einfache Maßnahme, die von jedem umgesetzt werden kann, wenn die eigenen spontanen Ideen erschöpft sind und die Intuition nicht hilfreich erscheint: Konsultiere andere Personen. Möglicherweise haben andere bereits eine ähnliche Herausforderung erlebt und erfolgreich bewältigt. Oder sie können zumindest Tipps und ihre eigene Perspektive beisteuern oder mit lösungsweisenden Fragen weiterhelfen. Und auch die eigene Kreativität profitiert davon, wenn man nicht nur still für sich an etwas knabbert, sondern sich vernetzen kann.

Wer schreibt, der bleibt. Gut, deine spontanen, leicht auf der Hand liegenden Möglichkeiten hast du durchgespielt. Jedoch besteht das Problem weiterhin. Hier hilft Aufschreiben. Auf diese Weise kannst du die fehlende Inspiration fördern. Wer ein Problem in allen Einzelheiten aufschreibt und gern auch noch entsprechende Informationen hinzufügt, verschafft dem Gehirn ein bestimmtes „Problemlösungsnetz". Das ist die beste Basis für die Produktion von Geistesblitzen.

Je öfter man sich jetzt mit dem Thema auseinandersetzt, desto wahrscheinlicher wird es, dass das Unterbewusstsein den einen oder anderen „Schub" oder „Impuls" für einen Geistesblitz bekommt.

Und zum anderen ist es auch grundsätzlich eine gute Idee, sich schriftlich mit seinem Problem zu befassen. Unser Kopf springt gern zwischen Gedanken hin und her, er verwirft sie oder bremst sich aus mit einem „Ach, nun lass mal den Quatsch".

Schriftlich ist es viel einfacher, am Ball zu bleiben und systematisch diverse Lösungen durchzuspielen. Viele Denk- und Kreativitätstechniken arbeiten auf der Basis dieser Möglichkeiten.

Wie gesagt: Andere können helfen, dein Problem zu lösen, indem sie dein Denken (und die Betriebsblindheit) durch schlaue Fragen in eine andere Bahn lenken. Die Frage „Musst du eigentlich umziehen?" ist so eine Frage.

Du kannst dein Problem auch eigenständig durch gezieltes Nachfragen lösen. Achte dabei nur darauf, die „richtigen" Fragen zu stellen. Wie man eine Frage formuliert, entscheidet darüber, in welcher Richtung man nach Lösungen sucht.

Wenn du dich fragst: „Mit welcher Diät kann ich abnehmen?", beschränkst du vielleicht unnötig die Möglichkeiten. Wenn du dich dagegen fragst: „Was kann mir alles helfen, abzunehmen?", könnten dir auch Dinge wie „mehr Sport" oder „kein üppiges Essen mehr vor dem Zubettgehen" einfallen.

Du siehst den Unterschied? Eine „falsche" Frage kann auch „falsche" oder zumindest stark eingeschränkte Lösungen ergeben. Je genauer das Problem mit der Frage übereinstimmt, desto effektiver kannst du dein Denken lenken und passende Assoziationen und Ideen abrufen. Je besser das gelingt, desto treffender werden deine Antworten ausfallen.

Auch der kreative Prozess ist eine Möglichkeit, sich systematisch mit dem Problem auseinanderzusetzen und gezielt nach Lösungen zu suchen. Dazu kann man eine bestimmte Vorgehensweise mit ausgewählten Kreativitätspotenzialen verknüpfen – und das so lange, bis du eine akzeptable Lösung gefunden hast.

Und wenn wir schon beim kreativen Prozess und seinen Techniken sind, kannst du auch generell zu diesen Techniken greifen. Manche von ihnen helfen, ein Problem besser zu durchschauen, andere sind gut, um nach Ideen zu suchen.

Kennst du die gute Fee aus dem Märchen? Die gute Fee erfüllt Wünsche, die einfache Technik der „Wunderfrage" tut das auch, und beide können dir dabei helfen, dein Problem zu lösen. Wie? Indem sie das Ergebnis vorwegnehmen.

Angenommen, es würde ein unerwartetes Ereignis eintreten und eine Lösung läge auf der Hand. Was genau müsste sich verändern, damit das Problem gelöst ist? Hast du diesen Lösungsweg vor Augen? Super. Dann gehe ich diesen auch.

Viele Techniken zur Förderung der Kreativität beruhen auf dem Prinzip des Perspektivwechsels und der Verfremdung. Blockaden wie blinde Flecken lassen sich auf diese Weise leichter überwinden, was zur Entdeckung völlig neuer Lösungsansätze führen kann. Ist einfacher, als es sich anhört. Mit etwas mehr oder weniger Abstand lassen sich Blockaden lösen.

Gut, wir sind immer noch bei der Verfremdung. Du willst ja blinde Flecken und Co. überwinden. Frage andere, das ist die einfachste Methode. Das wurde bereits zuvor erwähnt. Aber manchmal sind vielleicht keine anderen zur Hand, oder deren Tipps reichen nicht aus, oder man will den Handwerkskoffer einfach noch ein wenig erweitern.

Dann helfen in der Tat „fiktive Helfer". Befrage dazu „mentale Vorbilder". Wie könnte dein Lieblingsheld das Problem gelöst haben? Wie würde die verehrte Großtante vorgehen usw.

Natürlich lassen sich fiktive Helfer auch irgendwo in deinem Inneren entdecken, und du hörst ihre „Stimmen" und stellst dir deren Antworten vor. Dabei solltest du versuchen, der Persönlichkeit und den Lösungen des mentalen Vorbilds so nah wie möglich zu kommen.

Mehr mit sich selbst und den verschiedenen Seiten der eigenen Persönlichkeit kannst du dich beschäftigen, indem du dein „Inneres Team" einbindest.

Jeder von uns hat unterschiedliche Wesensanteile, die sich mal mehr, mal weniger deutlich „zu Wort melden", das heißt, unser Denken und unser Verhalten bestimmen. Lasse zu, dass dir dieses „innere Orchester" bei der Problemlösung hilft. So bekommst du verschiedene Perspektiven und Herangehensweisen frei Haus und aus einer Hand.

Nun gut, du bekommst das Problem einfach nicht so gelöst, wie du es dir vorgestellt hast? Dann lass dich nicht aufhalten und suche nach Alternativen. In den meisten Fällen wird es nicht nur einen Lösungsweg geben, sondern verschiedene Möglichkeiten. Halte nicht starr an deiner bevorzugten Option fest, sondern bleibe offen für alternative Möglichkeiten.

Du hast dein Problem immer noch nicht gelöst? Versuche es doch einmal mit positivem Denken. Vielleicht ist das Problem gar kein Problem? Mein ausgefallener Umzug war zum Beispiel gar kein Problem. Im Gegenteil, wenn ich tatsächlich umgezogen wäre, hätte ich all die Verbesserungen und Renovierungsmaßnahmen verpasst, die der Vermieter netterweise in meine Wohnung gesteckt hat oder noch stecken wird.

Vielleicht ist dein Problem in Wirklichkeit auch nur halb so wild und wird von dir nur unnötig aufgebauscht? Vieles ist in der Tat eine Frage der Sichtweise.

Mach aus deinem Problem ein Projekt. Hört sich doch toll an, oder? Wie gesagt: Vieles ist eine Frage der Sichtweise. Und manchmal haben wir unser Problem möglicherweise noch nicht gelöst, da wir bestimmte Ängste, Selbstzweifel, einen inneren Widerwillen oder einen ebenso schädlichen inneren Kritiker überwinden müssen, der uns einredet, dass wir die Fähigkeit dafür nicht besitzen.

Nimm in dieser Situation erst einmal den Druck aus dem Kessel. Mit dem Gedanken „Himmel, jetzt muss ich mich auch noch damit befassen" im Kopf kommst du nicht weiter. Mach dein Problem stattdessen zu einer interessanten, attraktiven Herausforderung, der du mit Feuereifer nachgehen kannst.

Wie das geht? Zum Beispiel mit NLP (Neurolinguistischem Programmieren). Stell dir dein Problem im Geiste vor und verändere es. Reiße die hässlichen Farben des „Ich will nicht" herunter und kleide es in ein leuchtend gelbes „Ja, endlich wieder ein Problem, das ich lösen kann".

Überstürze nichts. Nimm dir die Zeit, die du benötigst, und handele niemals überstürzt. Ja, ich kenne das von mir selbst, dass man ein Problem möglichst schnell vom Hals haben will. Jedoch ist dies nicht stets realisierbar. Man reibt sich in dem Fall nur daran auf oder löst die Problematik bestenfalls halb.

Es hat durchaus seine Vorteile, langsam zu denken und langsam vorzugehen. Manches Problem will geduldig gelöst werden. Für manche Probleme findet sich erst im Laufe der Zeit eine Lösung. Und manche Probleme lösen sich mit der Zeit sogar von selbst. Also, wozu der Stress?

Achte dabei nur darauf, nicht ewig zu zaudern und zu zögern und auf den richtigen Zeitpunkt zu warten. So viel Urteilsvermögen, um das eine vom anderen zu unterscheiden, sollte schon sein.

Auch Meditieren dient der Entspannung. Zudem gibt man dem Unterbewusstsein damit die Gelegenheit, sich ohne Zwang und krampfhaftes Nachdenken mit einer Sache zu befassen.

Also: Meditiere, meditiere, meditiere…

Die besten Ideen findet man nicht umsonst entspannt unter der Dusche. Und für einige Probleme tragen wir möglicherweise bereits eine Lösung in uns. Wir sind nur noch nicht entspannt genug, diese zu sehen.

Eine Nacht drüber schlafen. Ich könnte diesen Ratschlag auch gleich am Anfang geben.

Mit etwas Abstand erscheinen die Gelegenheiten oft in einem anderen Licht. Denn selbst im Schlaf ist unser Unterbewusstsein entspannt und „zweckfrei bei der Arbeit". Und man kann den Schlaf sogar nutzen, um das Unterbewusstsein ein bisschen gezielt in die richtige Richtung zu stupsen. Zum Beispiel, indem man sich sein Problem noch einmal eingehend zu Gemüte führt – einschließlich diverser Details – und sich erst danach hinlegt.

Denn während du friedlich vor dich hinschlummerst, ist das Gehirn unterdessen fleißig damit beschäftigt, eine Lösung für die Aufgabe zu suchen, die ihm gestellt wurde. Manches kann tatsächlich im Schlaf entdeckt werden. Den Seinen gibt es der Herr im Schlaf.

So, und hier kommt noch ein kleiner, feiner Lieblingstipp von mir, denn ich mache diesen Fehler ebenfalls sehr gerne: „Versuche keinen Perfektionismus!"

Musst du dein Problem wirklich in sämtlichen Einzelheiten so perfekt wie möglich und so schnell wie möglich lösen? Oder kann daraus vielleicht sogar selbst eine handfeste Blockade werden? Eine perfekte Lösung, wenn es sie überhaupt gibt, benötigt immer ausreichend Zeit. Und in Drucksituationen hat man die meistens nicht. Alles soll schnell gehen, um dem Druck zu entgehen.

Alles ist möglich und nichts ist, wie es scheint: panta rhei. Alles fließt. In diesem griechischen Aphorismus verbirgt sich eine grundlegende Wahrheit unserer Existenz, der sich niemand entziehen kann – selbst der Eremit in seiner Einsiedelei nicht, der

der materiellen Welt vollständig abschwört, niemals mit einem anderen Menschen in Kontakt tritt und von den Gnaden der Natur lebt.

Alles fließt. Alles wandelt sich, das eine vergeht, das andere kommt. Was für den einen Verlust und ein Risiko ist, ist für den anderen eine Chance, eine neue Aufgabe. Zudem könnte sich das, was wir heute als Problem wahrnehmen, schon morgen als der ersehnte Lösungsweg erweisen.

Mit der Bereitschaft, Wandel und Veränderung als Pool der Möglichkeiten zu betrachten, hat man schon viel gewonnen. „Pool der Möglichkeiten" bedeutet unter anderem:

Es gibt mehr als nur einen Weg.
Wir können Dinge ausprobieren.
Wir können vorausdenken und von der
Zukunft her auf unser Problem schauen.
Wir können unsere Entscheidungen
als fließende Prozesse anlegen.
Und wir können Veränderung als
völlig normal betrachten.

So wird aus dem Problemdenken ein machtvolles Erfolgsdenken. So werden wir zu Gestaltern statt zu Getriebenen. Dazu muss man sich natürlich in die Lage versetzen, relevante von irrelevanten Informationen zu unterscheiden. Die heutige Informationsflut suggeriert uns zu oft einen fiktiven Handlungsdruck, der zu vorschnellen Entscheidungen und zu viel unnötigem Stress führt. Jeder will doch Sicherheit ausstrahlen, auch wenn rundherum alles im Chaos zu versinken scheint. Das bedeutet nicht, hundertprozentige Sicherheit in der Sache zu haben! Es bedeutet nur, Vertrauen in die eigenen Fähigkeiten zu haben und das auch zu zeigen.

Wir spüren oft, wie schwach wir wirklich sind. Wir wollen endlich losfahren, können aber nicht Einsteigen, anlassen und losfahren, so sollte es sein. Funktioniert aber nicht, weil alles so kompliziert ausschaut. Ruhe bewahren ist jetzt angesagt. Je anspruchsvoller die Anforderungen des Lebens sind und je stärker der Druck ist, sich in einer zunehmend komplexen Welt zu behaupten, desto größer ist das Bedürfnis nach Orientierung und Stabilität.

Manche Menschen werden bei Misserfolgen und Krisen, bei Druck, Stress und Ärger leicht aus der Bahn geworfen. Andere sind weniger empfindlich und wirken widerstandsfähiger. Wenn Menschen in belastenden Situationen psychisch stabil bleiben, nennen Psychologen ihre Fähigkeit „Resilienz".

Entspannte Menschen sind beruflich erfolgreicher, emotional stabiler sowie körperlich und psychisch gesünder. Bei Veränderungen passen sie sich besser an und leiden seltener an Burn-out. Sieben Persönlichkeitsmerkmale sind verantwortlich dafür, wie groß die psychische Widerstandskraft einer Person ist. Resilienz wirkt wie ein „seelisches Immunsystem", das hilft, Krisen durchzustehen oder sogar gestärkt aus ihnen hervorzugehen. Widerstandsfähige Personen reagieren unempfindlicher auf psychische Belastungen wie Stress oder Frust und handeln flexibler in schwierigen und sich ändernden Situationen. Die individuelle psychische Widerstandskraft variiert bei Menschen und kann durch Training gesteigert werden.

Resilienz kann trainiert werden.
Die Ausprägung der Resilienz variiert bei Menschen in unterschiedlichem Maße. Die Grundlagen werden in der Kindheit gelegt. Wer in seiner Kindheit Wertschätzung, Ermutigung und Unterstützung erfährt, wird höchstwahrscheinlich eine höhere psychische Widerstandskraft entwickeln. Aber auch im Erwachsenenalter kann die psychische Widerstandsfähigkeit noch verbessert werden. Doch es braucht Zeit, um verfestigte Denk- und Handlungsmuster zu verändern.

Wie bekommt man sie, diese Stärke? Und wie kann man sie halten? Mana ist unsere Lebensenergie. Wenn du dich mit dieser Energie verbindest, kannst du wieder mehr Lebenskraft schöpfen.

Atme sie immer wieder bewusst tief ein und aus. Jeder Atemzug ist dabei von Bedeutung. Spüre deine Atmung. Erfahre die Stärkung und Energie bei jedem Atemzug. Immer wenn du dich erschöpft fühlst, öffne das Fenster oder geh nach draußen und atme tief ein.

Ja, atme dich wieder in deine Kraft.

Wenn man die Handlungen anderer beobachtet, kann man dadurch inspiriert werden. Allerdings kann dies auch viel Energie in Anspruch nehmen. Deswegen, so schön es ist, auf andere zu schauen, setze dir ein Limit und kreiere dafür lieber selber mehr. Selber etwas zu schaffen, bringt dich in deine Kraft zurück. Konzentriere dich auf dich selbst. Zu viel von anderen zu konsumieren, bedeutet, weniger von dir selber zu produzieren. Wenn du dich andauernd mit anderen vergleichst und deren Erfolge akribisch mitverfolgst und sie vielleicht darum beneidest, wie sie Job und Familie unter einen Hut bekommen, dann zehrt das an deiner Energie. Sich Impulse zu holen, ist fein und regt die Kreativität an. Dennoch, bevor du auf andere schaust, spüre lieber in dir, was du gestalten möchtest und was aus dir und deiner Kraft kommt.

Wenn du deiner Leidenschaft folgst und deine Leidenschaft lebst, schürt dies dein inneres Feuer und schenkt dir kreative Kraft. Also frage dich: „Wobei brennt mein Feuer? Was lässt mich lebendig sein?" Integriere stets einen Teil davon in deine wöchentlichen Aktivitäten. Lebe deine Leidenschaft.

Warum eine Woche und nicht täglich? Täglich wäre optimal, ist aber oft im Alltag schwer umzusetzen. Schaffen wir etwas nicht, was wir wollten, stresst uns das.

Deswegen finde Kraft in deiner gesamten Woche. Das schenkt dir wieder Kraft für jeden Tag.

Kristalle haben eine wunderschöne Energie. Suche dir einen Kraftstein, einen Stein, der dich anspricht und dessen Energie du sofort spürst.

Du kannst dich in einem Edelsteinladen beraten lassen oder einfach deiner Intuition folgen. Vertraue deiner Intuition. Spüre die Energie deines Steins, spüre, wie seine Kraft durch deinen Körper strömt. Trage den Stein stets bei dir und halte ihn, wenn du spürst, dass du neue Energie brauchst.

Genieße kraftvolle Seelennahrung. Und damit meine ich vor allem, was dir persönliche Kraft schenkt und dich nährt. Achte auf dich. Jeder hat sein eigenes Patentrezept zur Hand, und überall gibt es wertvolle Tipps dazu, zum Beispiel, was man nun essen darf oder was lieber nicht.

Mache dich frei davon. Schlechte Gedanken oder ein schlechtes Gewissen rauben dir Kraft. Löse dich von zu vielen „Regeln". Iss das, was dir guttut. Freiheit, zu genießen und auf die Bedürfnisse des eigenen Körpers zu achten, indem man Nahrung konsumiert, die einem persönlich Energie verleiht, kann zusätzliche Stärke geben. Genuss stärkt deinen Körper und deine Seele.

Sage Nein, wo du Nein meinst. Ohne Drama, ohne Ausreden. Freundlich und bestimmt. Nein.

Nein zu sagen bei Dingen, die du nicht tun willst, schenkt dir die Kraft, mehr Dinge zu tun, die du willst. Nein, du musst nicht mal eben die ganze Welt retten, nur deine eigene. Und Neinsagen ist ein Übungsfeld. Lerne und wachse darin und du kommst mehr und mehr zurück in deine Kraft.

Die eigene Komfortzone zu erweitern, verleiht einen gigantischen Schub an Energie. Tue etwas, was deine Wohlfühlzone erweitern könnte. Springe über deine roten Linien. Rufe den Interessenten an, den du schon so lange gerne als Kunden gewinnen möchtest, trage roten Lippenstift und buche endlich die Reise, die du gedanklich schon so lange planst. Schau dir deine roten Linien an, atme durch und dann spring. Egal, wie das Ergebnis ist: Die Linie ist nicht mehr da, wo sie mal war, sondern weiter, weil du gesprungen bist. Der Sprung verändert alles.

Nimm dir Zeit. „Busy" ist nicht gleich „sexy". „Busy" zu sein ist sehr kräftezehrend und macht dich zu einem Getriebenen. Wenn man ständig mit Höchstgeschwindigkeit fährt, können die Gedanken irgendwann nicht mehr klar sein.

Also nimm dir täglich Zeit für dich: für eine kleine Meditation, für einen süßen Tagtraum, für fünf Minuten lustvolles Blättern in einer schönen Zeitschrift, für wildes Kritzeln auf einem Block. Unterteile deinen Tag in kleine Abschnitte und nutze die fünfminütigen Pausen dazwischen, um dich mit positiven Aktivitäten zu stärken.

Lass alles los, was dich zurückhält. Festhalten kostet immer sehr viel Lebenskraft. Nimm einen Stift in die Hand und halte ihn fest, ja, richtig fest. Und dann lass los. Loszulassen, was du loslassen möchtest, schenkt dir neue Möglichkeiten. Also halte nicht länger an Dingen oder Umständen fest, die Energie rauben. Hol dir deine volle Lebensenergie zurück. Nimm dir die Selbstermächtigung für dein Leben und lass los. Schwer und doch so einfach.

Das Problem?
Wir Menschen neigen dazu, dass wir „das Gute" festhalten und nur „das Schlechte" loslassen möchten. Leider funktioniert dieses System aber nicht. Denn wir leben in einer Welt der Polarität: ohne Tag keine Nacht, ohne Ebbe keine Flut, ohne Reichtum keine Armut. Die Beispiele dafür lassen sich beliebig fortsetzen. Jeder Einzelne kann annehmen, dass er nicht der einzige Mensch auf diesem wunderbaren Planeten ist, der Schwächen und Macken besitzt. Es ist wichtig, anzuerkennen, dass Fehler ein natürlicher Bestandteil des Menschen sind. Loslassen bedeutet, genau das anzunehmen, was gerade ist – im Inneren wie im Äußeren. Denn wir leben alle auf demselben Planeten.
Wirklich Loslassen geht daher nur mit Selbstliebe verbunden mit der Erkenntnis, dass alle „positiven" wie „negativen" Lebens-

situationen stets die besten Lehrmeister sind und uns erst zu dem machen, was wir heute sind.

Nur wahres Loslassen ermöglicht es uns, im Hier und Jetzt zu leben.

Drama ist eine Möglichkeit, der Verantwortung aus dem Weg zu gehen. Doch leider gibt es kein Drama ohne Opfer.

KAPITEL 2

Identifiziere deine Opferrolle(n)

Zum Teufel mit der Opferrolle.
„Warum immer ich?"
„Womit habe ich das verdient?"
„Alle haben es auf mich abgesehen!"

Die Opferrolle ist wie eine Droge: Sie macht schnell süchtig, schenkt ein kurzzeitiges „Wohlgefühl" und ruiniert damit das ganze Leben.

Und weil es so leicht ist, in diese Rolle zu schlüpfen, schauen wir uns in diesem Kapitel einmal an:

- ob du ein Opfer bist und an welchen Merkmalen man das erkennt

- wie du mit Opfern umgehen solltest und wie man ihnen wirklich helfen kann

Hier findest du präzise Antworten darauf, mit welchen konkreten Schritten du endlich aus der Opferrolle kommst und welche Abkürzung es auf dem Weg gibt.

Bist du ein Opfer?

Die kurze Antwort lautet: „Ja, du bist eines." Schon wenn du dir diese Frage stellst, ist die Wahrscheinlichkeit sehr hoch, dass du tatsächlich ein Opfer bist. Warum?

Ein Opfer zu sein ist eine Entscheidung, und wer sich dazu entschieden hat, kein Opfer zu sein, der stellt sich diese Frage einfach nicht. Ja, richtig gelesen. Du entscheidest dich freiwillig dazu, ein Opfer zu sein.

Aber da das Thema sehr komplex ist, schauen wir uns hier einmal sechs eindeutige Merkmale an, die typisch für die Opferrolle sind. Kommt dir etwas davon bekannt vor?

Sechs Merkmale der Opferrolle

1. Selbstmitleid

- „Immer trifft es mich …"
- „Ich bin aber auch ein Pechvogel …"
- „Womit habe ich das verdient …"
- „Alles, was ich anfasse, geht schief …"

Selbstmitleid ist fast immer ein sicheres Zeichen dafür, dass sich jemand in einer Opferrolle befindet.

Opfer fokussieren sich auf ihr Leid und vergessen alle positiven Aspekte in ihrem Dasein. Sie nehmen lediglich das Negative wahr und empfinden sich als machtlos und dem Schicksal unterworfen. Da sie so wenig zu schätzen wissen, sind sie häufig auch undankbar sich selbst und ihrem Umfeld gegenüber. Oft fühlen sich solche Menschen auch von allem und jedem „im Stich gelassen".

Dass sie ihr Umfeld selbst mit ihrer wehleidigen Art vertreiben, würde ihnen nicht einmal im Traum einfallen. „Immer" und „nie" gehören daher auch zu ihrem Stammwortschatz. Opfer lassen sich in der Regel sehr schnell von ihren Gefühlen beeinflussen.

„Aber man hat doch nun einmal nicht alles in der eigenen Hand. Manchmal sind einfach wirklich andere schuld", denkst du jetzt vielleicht. Opfer machen gerne „eine höhere Macht", „die Politik" oder generell „alle anderen" für ihr Dilemma verantwortlich, was uns auch schon zum nächsten eindeutigen Merkmal der Opferhaltung führt: Schuldzuweisungen …

2. Schuldzuweisungen

- „Der Kollege hat mir mal wieder den Tag versaut …"

- „Wegen dieser Flaschen komme ich
  im Beruf nicht weiter…“
- „Wenn ich andere Eltern gehabt hätte,
  hätte ich es auch zu etwas bringen können…“

Die Regierung, die Nachbarn, das Wetter… Alle sind am eigenen Unglück schuld, nur nicht an die eigene Nase fassen.

Opfer neigen dazu, für alles einen Schuldigen zu suchen. Du vertrittst eine Kollegin bei der Arbeit und hast einen Unfall auf dem Weg dorthin. Wenn du die Kollegin nicht hättest vertreten müssen, wäre es nicht so weit gekommen, oder? Du bekommst eine schwere Krankheit und landest im Krankenhaus. Wenn „der da oben" es nicht immer so schlecht mit mir meinen würde, wäre das sicher nicht passiert, oder?

Dass du beim Fahren mit dem Handy gespielt hast und seit 40 Jahren Kette rauchst, hat mit all dem ganz sicher nichts zu tun.

Menschen, die häufig die Verantwortung für ihre Situation auf andere abwälzen, empfinden sich häufig als benachteiligt, reagieren schnell enttäuscht und machen dies anderen gegenüber oft deutlich.

Nörgeln und Besserwisserei sind daher auch beliebte Freizeitbeschäftigungen von Opfern.

Außerdem sind sie auch Meister darin, die eigene Verantwortung abperlen zu lassen wie Wassertropfen an einem Lotosblatt. Ist dir einmal aufgefallen, dass manche Menschen immer dann von sich in der ersten Person (also „ich") reden, wenn es um etwas Positives geht?

Wenn sie aber auf ihr Übergewicht, ihren schlechten Abschluss, das Kettenrauchen oder etwas anderes Negatives angesprochen werden, für das allein sie selbst verantwortlich sind, wechseln sie automatisch in die dritte Person „man".

- „Man wird halt überall verführt."
- „Man hatte halt einen schlechten Umgang."
- „Man wird halt schnell davon abhängig."

- „Aber für gewisse Dinge kann ich doch wirklich nichts. Manchmal sind es wirklich die Umstände, die einem alles verbauen", denkst du jetzt vielleicht.

Es gibt immer Umstände, die du suchen kannst. Und das ist das nächste eindeutige Merkmal, dass jemand sich in der Opferrolle befindet: Ausreden!

3. Ausreden

- „Wenn ich doch gesund wäre, dann könnte ich endlich …"
- „Ich will ja wirklich Sport treiben, aber das Wetter war in den letzten Wochen einfach zu schlecht …"

Keine Zeit, keine Unterstützung, keine Motivation … Das größte Talent von Opfern ist das Finden von Ausreden. Macher finden eine Lösung. Opfer suchen nach Entschuldigungen.

Das Treffen von Entscheidungen ist für diese Personen mindestens genauso herausfordernd wie das Eingestehen der eigenen Schwäche. Sie können und wollen sich nicht festlegen, weil sie die Verantwortung für eine falsche Entscheidung scheuen.

Zusätzlich entwickeln Opfer eine wahre Meisterschaft im Falschverstehen. Teilweise unbewusst, oft aber auch ganz bewusst. Egal, wie wasserdicht du argumentierst: Sie hören nur, was sie hören wollen. Da werden aus unverbindlichen Gesprächen plötzlich feste Zusagen und aus sachlichen Argumenten im Handumdrehen persönliche Angriffe. Gerade Menschen in der Opferrolle nutzen dieses „mit dem Beziehungsohr hören" ständig, um die eigene Position scheinbar „zu stärken".

Lügen sind manchmal auch Teil des Verhaltens von Opfern. Das fängt bei Notlügen und kleinen Flunkereien an und steigert sich bis zu massiven Lügengeflechten. Opfer belügen sich vor allem selbst und vermeiden es, ihre Fehler zu erkennen und auch anzunehmen.

Dementsprechend neigen Opfer auch oft zur Übertreibung. Aus einer Mücke einen Elefanten zu machen, dient oft dazu, von sich selbst und der eigenen Verantwortung abzulenken oder Aufmerksamkeit zu erhaschen.

„Natürlich hast du recht, mein Schatz, und es wird nie wieder vorkommen", denkst du jetzt vielleicht.

Und damit sind wir direkt beim nächsten eindeutigen Anzeichen für die Opferrolle: der ständigen „Aufschieberei".

4. Bequemlichkeit
- „Den Müll bringe ich später runter…"
- „Mit dem Aufräumen fange ich morgen an…"

Gleich, später, bald… Opfer neigen dazu, unangenehme Aufgaben zu vertagen oder ganz zu vergessen. Opfern ist für ihre Bequemlichkeit nichts zu anstrengend. Sie glänzen eher durch Trägheit statt durch Tatendrang und werden als faul und nicht ehrgeizig angesehen. Gerne schmücken sie sich mit den Leistungen anderer und verstehen es häufig auch gut, immer wieder einen „Dummen" zu finden, der für sie das Unangenehme erledigt.

„Ja, aber mein Chef muss ja auch nicht so hart arbeiten. Warum soll dann ausgerechnet ich mir den Buckel krumm machen?", fragst du dich jetzt vielleicht.

Zum einen sind wir da gleich wieder beim Thema des Selbstmitleids und der Schuldzuweisungen. Und damit kommt auch schon das nächste klare Indiz ins Spiel, dass man sich in einer Opferhaltung befindet: Das Vergleichen…

5. Vergleichen
- „Mein Kollege arbeitet viel weniger und bekommt mehr Gehalt…"
- „Vincent van Gogh konnte eh viel besser malen als ich, also warum soll ich es überhaupt versuchen…"

Opfer lieben es, sich mit anderen zu vergleichen. Menschen in der Opferrolle sind oft auch krankhaft eifersüchtig. Neid und chronische Unzufriedenheit ergeben sich ebenfalls fast automatisch aus diesem Verhalten. Außerdem sind sie meist auch darauf bedacht, was andere über sie denken.

Auch zum Verharmlosen und Relativieren des eigenen Verhaltens ziehen Opfer gerne Vergleiche heran, zum Beispiel: „Rund um Deutschland wird aus Kohle Energie gewonnen, was macht da schon mein Geländewagen aus?"

Eine ausgeprägte Selbstgerechtigkeit ist das letzte eindeutige Zeichen, dass jemand in der Opferrolle festhängt.

6. Selbstgerechtigkeit

- „Das schulden sie mir …"
- „Das ist ja wohl das Mindeste, was man erwarten kann …"
- „Ohne mich würde der ganze Laden
  sowieso zusammenbrechen …"

Ich, ich, ich … Bei Opfern dreht sich alles nur um sie selbst. Sie sind benachteiligt, sie sind berechtigt – sie halten ohnehin alles am Laufen.

Die größten Opfer sind meist auch große Egoisten.
Eine ihrer „Stärken" liegt auch darin, alles für selbstverständlich zu nehmen, Ansprüche und Erwartungen an andere zu stellen und empört zu sein, wenn etwas mal nicht nach ihren Vorstellungen verläuft.

Gerne präsentieren sie anderen, wie bedeutsam und wertvoll sie sind, und noch mehr betonen sie die Fehler anderer. Lästern und andere schlechtreden sind daher ein viel genutztes Mittel von Opfern. Sich angegriffen zu fühlen und Dinge persönlich zu nehmen, gehört ebenfalls ins Standardrepertoire eines jeden Opfers. Und weil ihr Selbstwert sowieso schon unterentwickelt ist, haben sie ständig Angst, er könnte noch weiter kippen.

Passive Aggressivität oder „Zickenalarm" sind deshalb auch typische Merkmale für die Opferrolle. Opfer haben meist nicht die Courage, direkt anzusprechen, was sie stört oder ihnen nicht gefällt. Stattdessen wollen sie andere oft „spüren lassen", dass diese etwas falsch machen.

Opfer berufen sich häufig auf bestimmte Rechte und sind äußerst geschickt darin, Worte sorgfältig zu wählen und Aussagen anderer gegen diese selbst zu verwenden. Aufgrund ihres empfundenen Gefühls der Machtlosigkeit streben sie häufig danach, bei jeder Gelegenheit Kontrolle über andere auszuüben. Die schlimmsten Politiker und Chefs sind immer die, die viel Zeit in der Opferrolle verbracht haben.

„Ich bin zwar manchmal auch etwas bequem und vergleiche mich hin und wieder mit anderen, bin aber trotzdem kein wirkliches Opfer", denkst du jetzt vielleicht.

Verantwortung scheuen, Falschverstehen, sich selbst belügen ... Hatten wir das nicht gerade? Opfer zu sein, ist einfach. Sich das einzugestehen, ist enorm schwer.

„Vorteile": Warum Opferrolle?

Die Gründe, warum jemand zum Opfer wird, sind – genauso wie die Gründe, warum jemand zum Drogenjunkie wird – so verschieden wie die Menschen und ihre Geschichten.

Grundsätzlich lässt sich aber feststellen: Opfer und Junkies sehen zumindest kurzfristige Vorteile in ihren Verhaltensweisen, die allerdings meist gar keine Vorteile sind, wie wir später noch untersuchen werden. Oft verspüren sie sogar eine Art Hochgefühl.

„Vorteile" von Selbstmitleid

Wem es schlecht geht, der bekommt Zuwendung und wird bemitleidet. Und auch wenn Mitleid nicht wirklich erstrebenswert ist, so ist es doch eine Form von Aufmerksamkeit. Vielleicht bekommst du damit sogar mehr Zuwendung und Unterstützung und denkst, dass dein Leben dadurch leichter wird. Opfer fühlen sich besser, wenn sie auch andere mit ins Boot holen können. Geteiltes Leid ist halbes Leid.

Andere herunterziehen: Klingt komisch, ist aber so. Opfer fühlen sich besser, wenn sie auch andere in ihr Loch ziehen können, da sie nicht von sich aus entkommen können und zumindest nicht isoliert bleiben möchten. Auch Tränen- und Wutausbrüche generieren Aufmerksamkeit. Außerdem kann man so mal all die aufgestauten Emotionen herauslassen. Zusammen zu jammern hilft dabei, eine Gemeinschaft und Zuspruch zu erfahren.

„Vorteile" von Schuldzuweisungen

Ganz klar. Wenn du anderen die Schuld für dein Leid geben kannst, bist du selbst unschuldig. Nicht du und deine schlechten Leistungen in der Schule seid daran schuld, dass du keine Karriere gemacht hast, sondern deine Vergangenheit, das Bildungssystem und vor allem Frau Merkel.

Man muss sich nicht mit den eigenen Unzulänglichkeiten auseinandersetzen und hat stets einen anderen Schuldigen zur Hand. Durch Kritisieren, Anprangern und Besserwisserei fühlt man sich möglicherweise anderen sogar noch überlegen.

Wenn du dich mit anderen verbindest, um in deren Klagegesänge einzustimmen und „die da oben" oder wen auch immer anzuprangern, fühlst du dich bestätigt und akzeptiert und vielleicht sogar stärker. Du bemühst dich, einen Teil der Autorität zurückzugewinnen, den du selbst bereits abgetreten hast.

Man kann immer versuchen, die eigentliche Arbeit auf andere abzuwälzen oder zu verzögern. Ausreden dienen häufig allein dem Zweck, etwas nicht tun zu müssen. Nicht verantwortlich zu sein, nicht zu entscheiden, bedeutet den Augen von Opfern auch, nicht falsch zu entscheiden, was uns wieder zum Thema Schuld, zum Wunsch des Nicht-schuld-Seins und zur Tendenz, die Verantwortung auf andere abzuwälzen, führt.

Daraus folgt häufig ein positives Erscheinungsbild in der Öffentlichkeit. Darüber hinaus denkt man, dass man dennoch nicht als faul angesehen wird, da man stets eine plausible Erklärung dafür hat, warum man bestimmte Dinge nicht doch erledigen kann. Das ist natürlich ein Irrglaube. Der Einzige, der auf diese Fassade reinfällt, ist man letztlich selbst. Jeder kennt Personen, die stets eine passende Erklärung für alles bereithalten.

„Vorteile" von Bequemlichkeit

Das Leben ist anstrengend. Das eigene Leben zu gestalten, ist noch anstrengender. Sich zurückzulehnen und alle Fünfe gerade sein zu lassen, macht vieles für den Moment einfacher. Man kann hoffen und darauf warten, dass in magischer Weise ein Problem gelöst wird oder sich alles verbessert. Es könnte möglicherweise kurzfristig vorkommen, dass andere die mühsame Arbeit für dich übernehmen.

„Vorteile" von Vergleichen

Opfer sind von Grund auf unsicher. Durch den ständigen Vergleich mit anderen versuchen sie, ihren Stellenwert auszuloten und ein wenig vermeintliche Sicherheit zu erlangen. Daneben wollen sie auf diese Weise herausfinden, worauf es in der Gesellschaft ankommt und wie sie Anerkennung erhalten können, da es ihnen an eigenen inneren Werten mangelt.

Es kann auch tatsächlich ein kurzes Glücksgefühl erzeugen, wenn man einmal feststellt, dass es einem in einem Punkt tatsächlich besser geht als anderen. Die meiste Zeit zieht man beim Vergleichen aber den Kürzeren. Aber auch wenn man schlechter abschneidet, bietet das immer noch den vermeintlichen Vorteil, seine Opferrolle zu bestärken und zu unterstreichen, wie benachteiligt man doch eigentlich ist. Stichwort „Selbstmitleid".

Oder man findet damit weitere Ausreden und Verharmlosungen wie zum Beispiel: „Aber die machen das ja auch so…" Außerdem kann man sich so trotz oder gerade wegen seiner schlechteren Stellung über andere erheben. Schließlich haben die anderen den Erfolg nicht verdient und eigentlich stünde er mir ja viel eher zu. Es ist außerdem immer vorteilhaft, die Fehler und Schwächen anderer zu kennen, um von den eigenen abzulenken.

„Vorteile" von Selbstgerechtigkeit

Weil man große Selbstzweifel hat, versucht man, alle anderen und am Ende auch sich selbst davon zu überzeugen, wie wichtig man doch ist. Weil man sich selbst durch eigene Leistung oder seinen Selbstwert nicht erhöhen kann, versucht man, andere niederzumachen, um selbst ein wenig besser dazustehen.

Sich angegriffen zu fühlen, ist immer ein einfacher Ausweg, wenn einem die sachlichen Argumente ausgehen oder man einfach nicht zugeben kann oder will, dass man einen Fehler gemacht hat. Durch passive Aggressivität vermeiden Opfer natürlich die unangenehme Konfrontation. Gleichzeitig versprechen sie sich eine Art „Erziehungseffekt" bei ihrem Gegenüber und eine Genugtuung, wenn der andere endlich die Quittung für sein Verhalten bekommt. Sie streben danach, eine Balance zwischen Harmonie und Kontrolle zu finden, erreichen jedoch oft das krasse Gegenteil.

Sich durch Totschlagargumente auf höhere Rechte zu berufen oder anderen die Worte im Munde umzudrehen, sind das Ende für jede sachliche Diskussion. Wenn man jemanden einfach nicht verstehen will, können einem auch die besten Argumente nichts anhaben. Es gibt einem das Gefühl, die Oberhand zu haben, aber eigentlich entzieht man sich nur auf feige Weise.

Die Ausübung von Autorität vermittelt ein vorübergehendes Gefühl von Souveränität und wird häufig als Ausgleich für die sonst empfundene Ohnmacht und Hilflosigkeit betrachtet.

„Klingt doch super!", denkst du dir jetzt vielleicht. Na ja, das dicke Ende kommt erst noch. Es ist bequem und bietet kurzfristige Vorteile, immer wieder auf diese vertrauten Opferhaltungsmuster zurückzugreifen, aber letztendlich schadet es nur. Es ist das gleiche Prinzip, weshalb Süchtige immer wieder ihrer Sucht erliegen, und genau das ist der Punkt, den Opferrolle und Drogensucht gemeinsam haben.

Süchtige wissen natürlich, dass sie der Konsum auf Dauer nicht glücklich machen wird und dass es ihnen viel mehr schadet, als es ihnen nützt, aber es geht so schnell und einfach. Diese Angewohnheit, immer wieder in die Opferrolle zu verfallen und sich hilflos den Umständen ausgeliefert zu fühlen, ist auch in der Medizin bekannt und wird dort „Depression" genannt.

Was Opferrolle und Depression gemeinsam haben?
Ich sage nicht, dass jeder depressiv ist, weil er hin und wieder über ein Ereignis jammert oder trauert. Wir alle haben einen inneren

Maßstab. Mit ihm beurteilen wir, wann wir uns als Opfer fühlen und wann nicht. Für den einen ist es kein Problem, wenn sein Urlaub ins Wasser fällt, weil er krank wird. Für andere bricht eine halbe Welt zusammen und sie fühlen sich hilflos dem Schicksal ausgeliefert.

Je nach deiner persönlichen Werteskala greifst du möglicherweise frühzeitig zur Opferrolle oder erst später. Die gute Nachricht ist: Innere Maßstäbe lassen sich verändern! Und zwar genauso wie bei einem Drogensüchtigen …

Der Süchtige hat positive und negative Konsequenzen von seinem Drogenkonsum. Positiv ist zum Beispiel die sofortige Betäubung. Man muss und/oder kann sich erst einmal nicht mehr mit seinen Problemen auseinandersetzen.

Negativ ist zum Beispiel die Scham. Man wird von anderen Menschen verurteilt und abgewertet. Solange nun die gefühlt positiven Folgen für den Drogenabhängigen überwiegen, greift er lieber zum Stoff. Erst wenn sich das Blatt wendet und der Süchtige erkennt, dass die negativen Folgen überwiegen, sucht er einen Ausweg. Meist geschieht das leider erst mit einem einschneidenden Lebensereignis wie einer Scheidung, einem Totalabsturz oder einem schlimmen Verkehrsunfall.

Solange es für einen selbst gefühlt mehr positive Konsequenzen hat, die Opferrolle einzunehmen, anstatt Verantwortung zu übernehmen, wird man wahrscheinlich weiterhin zur Opferrolle greifen. Und genauso wie bei der Drogenabhängigkeit geschieht dieser Wechsel meist schlagartig mit einem einschneidenden Lebensereignis. Aber das muss nicht so sein! Es ist auch möglich, vorher zu erkennen, dass die Nachteile überwiegen und es besser ist, die Verantwortung zu übernehmen.

Nachteile: Auswirkungen der Opferrolle

Ohne Frage bietet die Opferrolle ein paar durchaus verlockende Vorteile. Das Problem ist nur, dass all diese vermeintlichen Vorteile nur von sehr kurzer Dauer sind. Meist tritt daraufhin sogar die entgegengesetzte Wirkung ein. Mit der Opferrolle ist es wie so oft im Leben: Je mehr du etwas bezwecken willst, desto weniger bekommst du es. Das Festhalten an Gewohnheiten führt oft dazu, dass wir uns das Leben unnötig erschweren. Aber wie genau macht uns denn nun die Opferrolle das Leben schwer?

Wir kennen es als selbsterfüllende Prophezeiung. Das ist ein wahrer Teufelskreis. Wer fortlaufend darauf hinweist, dass es ihm doch ach so schlecht geht, wird keine Verbesserung in seinem Leben erfahren. Seine Gedanken werden seine Realität. Und die Vorstellungen von sich selbst werden zum eigenen Selbst. Dein Unterbewusstsein ist ständig darum bemüht, die geistigen Bilder umzusetzen, die du ihm malst. Und wenn du ständig schwarzmalst, wird deine Welt ganz sicher nicht heller und bunter werden. Vor allem nicht, wenn die Wörter „immer" und „nie" sich in den Gedanken verankert haben (siehe oben erwähntes „Festhalten"). Wenn man sich ständig infrage stellt, füttert man damit natürlich nur noch weiter sein negatives Selbstbild.

Noch dazu vertreibt man damit die Menschen, von denen man sich Zuwendung und Aufmerksamkeit erhofft. Selbst der stärkste und stabilste Mensch wird das auf Dauer nicht mitmachen. Vor allem nicht, wenn er einen gewissen Grad an Selbstliebe erreicht und erkannt hat, dass er hier einer emotionalen Abhängigkeit aufsitzt. Das kann natürlich dazu führen, dass sich der Jammerlappen noch mehr „im Stich gelassen" fühlt und der Teufelskreis sich noch verstärkt.

Der mit Abstand entscheidendste Nachteil ist aber der, dass das permanente Selbstmitleid das Gefühl von Hilflosigkeit und Ohnmacht fördert. Und wer sich einer Situation oder gar dem Leben hilflos ausgeliefert fühlt, ist nicht nur ständig frustriert, sondern macht sich selbst noch weiter handlungsunfähig. Die chronische Opferrolle entsteht.

Mit einem Schuldigen wollen wir nicht zusammen nach einer Lösung suchen. Und ein Schuldiger will das in der Regel auch nicht mit dem, der ihn beschuldigt. Dies führt lediglich zu einer Zunahme von gegenseitigen Schuldzuweisungen und dazu, dass die gegensätzlichen Positionen noch stärker verfestigt werden.

Ärger, Wut, Hass und Unzufriedenheit sind die fatalen Folgen. Mal ganz abgesehen davon, dass man seine Opferrolle durch das Abwälzen aller Verantwortung natürlich noch mehr manifestiert. Wer anderen die Schuld gibt, gibt ihnen damit gleichzeitig aber immer auch Macht über sich. Man legt sein Glück und seine Gemütsruhe in die Hände anderer und beschwert sich dann darüber, dass man nichts an seiner Situation ändern kann. Und damit gerät man immer weiter in die Isolation von seinem Umfeld. Wobei es dann meist eher das Umfeld ist, das das Weite sucht. Denn wer mag es schon, ständig beschuldigt zu werden oder von einem chronischen Nörgler und Besserwisser umgeben zu sein? Und dafür sucht man dann immer mehr Kontakt zu ähnlich Denkenden, weil diese die eingenommene Position stärken. Je mehr Opfer man um sich hat, desto fataler wird die eigene Opferhaltung.

Zudem kultiviert man mit diesem Verhalten das ständige Suchen von Schuldigen. Es wird zu einer Standardreaktion, und oft sind dann Selbstreflexion und persönliches Wachstum gar nicht mehr möglich. Außerdem wird man immer nachtragender, will alte Rechnungen begleichen oder sich sogar rächen. Das führt natürlich nur zu noch weiterem Zündstoff und noch mehr Schuld (vgl. „Festhalten") – lass es!

Das ständige verbale Distanzieren von deinen Fehlern und damit auch von deiner eigenen Verantwortung führt ganz natürlich auch dazu, dass „du" dich immer weiter von deinem eigenen Selbst entfernst. Und wenn man sich immer weiter von dem Teil entfernt, der für eine Situation verantwortlich ist, wird es auch immer schwieriger, ihn wiederzufinden und etwas zu ändern. Unbeliebtheit bei Kollegen, Bekannten, Freunden und sogar der Familie ist die Folge. Wer will schon gerne mit jemandem zu tun haben, der sich immer herausredet, wenn es darauf ankommt, und wegen dem man selbst vielleicht sogar noch mehr Arbeit hat?

Neben dem offensichtlichen schlechten Bild nach außen schaden sich solche Menschen am Ende natürlich nur selbst. Ich habe schon oft festgestellt, dass es für diese Sprücheklopfer teilweise sogar mehr Mühe und Energie kostet, sich immer wieder herauszureden oder ihre komplexen Lügengebilde aufrechtzuerhalten, als wenn sie die eigentliche Arbeit einfach tun würden.

Man nimmt sich damit selbst die Chancen zum Wachsen und Gedeihen, denn Entwicklung und Erfolg können immer nur beim Tun stattfinden. Jede Ausrede ist eine Chance weniger. Das Einzige, worin man besser wird, ist, Ausreden zu finden. Vor allem die Ausrede „Ich kann das einfach nicht" ist der größte Stock, den man sich selbst zwischen die Beine werfen kann. Warum denkst du, dass andere das können, was du nicht kannst? Weil sie es nie versucht haben und immer betont haben, dass sie es nicht können?

Personen, die sich kontinuierlich davor drücken, eigene Entscheidungen zu treffen und ihr Leben autonom zu führen, empfinden zwangsläufig, dass sie den Umständen hilflos gegenüberstehen, und das ist Kraftfutter für die chronische Opferhaltung.

Auch ständiges Falschverstehen und Fehlinterpretieren führen zu einem Teufelskreis: Wer über einen längeren Zeitraum das Verhalten pflegt, alles Gesagte negativ zu interpretieren, legt damit den Grundstein für ein Umfeld, in dem er sich ständig als Gegner aller und gegen alles wahrnimmt. Und wer längere Zeit das Muster übt, alles Gesagte zu seinen Ungunsten auszulegen, der schafft sich natürlich die beste Basis für eine Welt, in der alles und jeder gegen ihn zu sein scheint.

Insbesondere das Verfälschen von Tatsachen und das Übertreiben führen dazu, dass die eigene Glaubwürdigkeit abnimmt: „Wer immer ‚Feuer' ruft, dem glaubt man nicht", sagt ein Sprichwort. Das kann natürlich dazu führen, dass das Bedürfnis nach Aufmerksamkeit weiter gesteigert wird, was letztlich zu einer Verschlimmerung der Situation führen kann.

Niemals wird eine Hand aus den Wolken herniedergehen und dir das Leben, das du dir wünschst, vor die Füße legen. Das musst du schon eigenhändig schaffen. Und wenn du das nicht tust, dann wirst du eben geschafft – vom Leben. „Handle oder du wirst behandelt", sagt ein weiteres Sprichwort.

Ein weiterer Nachteil: Hoffnung. Ja, richtig gelesen. Hoffnung ist ein Nachteil. Denn Hoffnung lähmt und macht abhängig. Solange du hoffst, dass dein Problem auf magische Weise gelöst wird, setzt du dich selbst nicht zu 100 Prozent dafür ein („Festhalten"). Vielleicht passiert ja doch noch ein Wunder? Es passiert nicht. Richtig schlimm wird es aber dann, wenn du dir sogar wünschst, dass irgendetwas in deinem Leben passiert, damit du einen leichten und bequemen Ausweg aus deiner Situation findest. Vielleicht sogar etwas wirklich Schlimmes. Du wünschst dir, ausgeliefert zu sein, um deiner Hilflosigkeit zu entkommen. Ich habe mir zum Beispiel während meiner vorübergehenden Unzufriedenheit im Studium manchmal insgeheim gewünscht, dass irgendetwas passiert, damit ich nicht mehr weitermachen muss, anstatt die Verantwortung zu übernehmen, mich bewusst dagegen zu entscheiden und meinen eigenen Weg zu gehen.

Neben der Tatsache, dass du auch mit deiner Bequemlichkeit deine Mitmenschen vertreibst, nimmst du dir natürlich auch damit jegliche Chance, zu wachsen und in irgendetwas gut und erfolgreich zu werden. Studien zeigen, dass nachhaltiger Erfolg durch regelmäßiges Üben kommt. Wer viel macht, wird automatisch immer besser. Wer so viele Aufgaben wie möglich umgeht, bleibt konstant auf dem gleichen Niveau.

Personen, die keine Fortschritte erzielen, zeigen in der Regel auch eine geringe Motivation, sich zu bemühen. Und das verhindert natürlich, dass überhaupt eine Motivation aufkommt. Wer träge ist, wird immer träger, denn die Natur nimmt uns, was wir nicht benutzen. Das gilt für Muskeln, Intelligenz und alle anderen Fähigkeiten, die du glaubst zu haben. Auch hier ist der Teufelskreis perfekt. Nicht nur, weil bequeme Personen naturgemäß über eingeschränkte Möglichkeiten verfügen, sondern auch, weil sie keine Kompetenzen entwickeln. Das Leben wird dadurch noch anstrengender. Denn es gibt einen paradoxen Zusammenhang im Leben. Wenn du das Einfache tust, wird dein Leben schwer. Wenn du das Schwere tust, wird dein Leben einfach.

Wer früh lernt, sich Herausforderungen zu stellen und auch schwierige Zeiten zu überwinden, entwickelt eine Widerstandsfähigkeit. Zukünftige Herausforderungen werden ihm dadurch erleichtert, so wie für einen Bergsteiger durch sein Training das Erklimmen von Felswänden immer leichter wird. Wer jedoch bereits Widerstand leistet, wenn er gebeten wird, den Müll hinauszubringen, wird wahrscheinlich noch größere Schwierigkeiten haben, sich beispielsweise um ein Kind zu kümmern.

Durch das fortwährende Bestreben, Anerkennung und Sicherheit im Außen zu suchen, hindert man sich selbst daran, echte innere Stärke und Sicherheit zu entwickeln. Du untergräbst damit deinen eigenen Selbstwert, weil dir die Meinung der anderen wichtiger ist als deine eigene. Andere Menschen merken allerdings sehr schnell, dass du nur ein „Fähnchen im Wind" bist und dich immer dahin drehst, wo der größere Vorteil weht. Dadurch sabotierst du selbst die Anerkennung, die du dir wünschst (Stichwort „Festhalten"). Vor allem, wenn man versucht, seine Leistung durch den Vergleich mit anderen herauszustellen, wirkt das eher armselig nach dem Motto „Der hat es nötig".

Außerdem führen Vergleiche zu Unzufriedenheit. Immer gibt es jemanden, der in irgendeiner Hinsicht besser, klüger, attraktiver oder wohlhabender ist als man selbst. Das damit einhergehende Sich-schlecht-Fühlen ist nur einen Klick auf Instagram und Co. entfernt. Neid, noch mehr Unsicherheit und noch weniger Selbstwert sind die Folge.

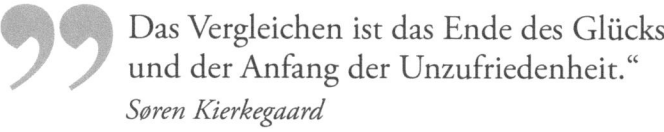

Das Vergleichen ist das Ende des Glücks und der Anfang der Unzufriedenheit."
Søren Kierkegaard

Darüber hinaus untergräbst du auch deine Motivation, etwas zu versuchen, da du bereits zehn Personen kennst, die darin besser sind. Das nährt wiederum deine Bequemlichkeit. Und weil du einfach nichts unternimmst, bist du natürlich auch im Vergleich zu allen anderen schlechter gestellt.

Das verstärkt dann weiter deine missliche Lage und damit deine Opferhaltung. Wer beim Vergleichen ständig verliert, neigt dazu, sich noch intensiver zu vergleichen, um endlich auch einmal zu gewinnen (Teufelskreis). Und natürlich trainierst du damit dein Gehirn, dieses Muster immer wieder zu benutzen. Indem man das Ausmaß herunterspielt und bagatellisiert, besteht die Gefahr, dass man an seinem schädlichen Verhalten festhält und zunehmend skrupelloser wird.

Undankbarkeit führt im Ergebnis dazu, dass man niemals glücklich sein kann, wenn man ständig Forderungen stellt und keine Wertschätzung zeigt. Man wird nur noch mehr erwarten und einfordern, was einem die Welt angeblich schuldet, und nur noch weniger bekommen. Je mehr man versucht, vor anderen zu glänzen, desto weniger wahre Anerkennung bekommt man von ihnen (genau: „Festhalten").

Sich selbst besser zu fühlen, indem man über andere lästert, funktioniert, wenn überhaupt, nur kurz. Auf Dauer schadet man damit nicht den anderen, sondern nur sich selbst. Zum einen macht man sich damit natürlich nur selbst unbeliebt bei allen, denn wer im Beisein von Claire über Steffi lästert, der lästert auch bei Steffi über Claire. Zum anderen trainiert man auch damit nur wieder sein Gehirn, sich auf die negativen Seiten zu fokussieren, was den Teufelskreis am Laufen hält. Es ist bemerkenswert, dass gerade die Personen, die selbst über andere lästern, oft behaupten, dass über sie gelästert wird. Das liegt daran, dass es ihr eigenes Mittel der Wahl ist und wir dazu neigen, bekannte Muster in unserem Umfeld wiedererkennen zu wollen. Genauso wie Menschen eine Tendenz haben, Gesichter in Wolken zu erkennen, da sie es im täglichen Leben häufig erleben. Wer sich selbst schnell angegriffen und persönlich beleidigt fühlt, festigt damit nur das Muster, in allem eine Anfeindung zu sehen. Und damit macht man sich natürlich nur noch mehr zum Opfer. Abgesehen davon, dass man natürlich nicht aus seinen Fehlern lernen und wachsen kann, wenn man sich immer durch seine Empörung davon ablenken lässt.

Totschlagargumente verhindern nicht nur, dass man von einem Austausch profitiert, sondern führen vor allem dazu, dass andere sich distanzieren und eine Auseinandersetzung vermeiden.

Aggressivität führt zu Gegenaggressivität, egal, ob sie passiv oder aktiv ist. „Wie man in den Wald hineinruft, so schallt es heraus."

Die eigene Ohnmacht zu kompensieren, indem man andere seine vermeintliche Macht spüren lässt, ist eine grausame Gebärmaschine für Opfer. Mitarbeitende, die sich am Arbeitsplatz ungerecht behandelt fühlen, tragen diese Belastung manchmal unbewusst nach Hause und reagieren dann möglicherweise negativ auf ihre Familie oder andere nahestehende Personen. Solange du dich ungerecht behandelt fühlst, behandelst du auch andere ungerecht. Das Sahnehäubchen ist dann, dass deine selbstgerechte Handlung und der „Ich-Filter", mit dem du alles wahrnimmst, natürlich nur wieder dein Selbstmitleid fördern und der Opferkreislauf wieder von vorne beginnt.

Auf zum Wendepunkt
Du siehst, dass am Ende die Nachteile eindeutig und vor allem auch langfristig überwiegen. Diese Erkenntnis ist wichtig, denn solange du denkst, dass dein Opferverhalten dir mehr Vorteile bringt, bist du nicht bereit, etwas zu ändern. Denke an den Drogensüchtigen und das „böse Erwachen". Wenn du aber erkannt hast, dass und wie du dir selbst und anderen damit schadest, kann sich deine Sichtweise ändern.

Bedenke auch: Du bist immer ein Einfluss für andere, die sich das Verhalten von dir abschauen! Du nährst mit deiner Opferhaltung die Opferhaltung anderer. Insbesondere wenn du Kinder hast, kann ich das nicht genug betonen.

„Und wie kommt man nun aus der Opferrolle heraus?", fragst du dich jetzt bestimmt. Die Lösung scheint recht einfach: Übernimm endlich die volle Verantwortung! Entscheide dich bewusst gegen die Opferrolle. Nachdem du dich freiwillig dafür entschieden hast, ein Opfer zu sein, kannst du dich auch jederzeit dagegen entscheiden!

Hör auf mit Selbstmitleid, Schuldzuweisungen und all dem anderen Opfergehabe, das dich nicht weiterbringt. Ich weiß, klingt einfach, ist meist aber gar nicht so leicht. Schließlich bist du in so einer Situation ja meist ziemlich am Boden. Möglicherweise wird auch durch dein soziales Umfeld maßgeblich dazu beigetragen, dass du in dieser Opferrolle bleibst. Du müsstest zuerst neue Energie tanken, um dich aus diesem Zyklus zu lösen.

Kann man sein Lebensskript überhaupt ändern?
Jeder von uns entwickelt von frühester Kindheit an sein ureigenes Lebensskript. Wir machen Erfahrungen und kommentieren diese innerlich. Wenn wir uns zum Beispiel immer unverstanden fühlen, dann kann es sein, dass wir Sätze wie „Die Welt ist ungerecht!" in unser Skript schreiben.

Um das zu verstehen, müssen wir uns mit der Tatsache befassen, dass jedes Leben ein eigenes Thema hat – oder besser ausgedrückt, ein Haupt- und mehrere Nebenthemen. Eines dieser Themen könnte beispielsweise lauten: Suche nach Anerkennung. Ein anderes vielleicht: Suche nach Liebe. Die Vielfalt an möglichen Themen ist unbegrenzt. Diese Lebensthemen erfüllen eine wichtige Funktion, denn sie wollen allesamt bewältigt werden und zwar von der Person, die diese ausgewählt hat. Das ist die harte Nuss, die jeder von uns durchs Leben trägt. Und diese Nuss ist und bleibt lebenslang das Schicksal des betreffenden Menschen. Gelingt es uns nicht, die Lebensaufgaben zu bewältigen, so hat das meist weitere Ärgernisse zur Folge. Denn wir sitzen dann im falschen Zug – sei es in einer Beziehung, einem nicht passenden Beruf oder auch nur in der falschen Wohnung.

Ein gelingendes Leben fängt immer im Kopf an. In der Bibel im Kapitel der Sprüche heißt es dazu:
„Mehr als auf alles andere achte auf deine Gedanken, denn sie entscheiden über dein Leben."

Wie wir über uns denken, hat einen entscheidenden Einfluss auf unser Leben. Denn die Gedanken werden zu Taten. Und unbewusst bringen wir uns in Situationen, die unser inneres Skript bestätigen und somit stabilisieren. Wenn wir also dieses Skript verändern, starten wir in ein neues Leben. Eine kleine Korrektur am Ruder eines Schiffes bringt uns zu einem völlig anderen Ziel!

Merkst du was?

Was wir oben gesehen haben, sind drei astreine Beispiele für eine Opferhaltung, nämlich Selbstmitleid, Schuldzuweisungen und Ausreden.

Die Muster der Opferrolle können sich möglicherweise über einen langen Zeitraum, vielleicht sogar über Jahre oder gar Jahrzehnte gefestigt haben. Und sie sind an jeder Ecke leicht erreichbar.

Deshalb ist es wichtig, dass man genau dort bei seinen Verhaltensweisen anfängt (wir werden uns aber gleich auch noch eine hilfreiche Fähigkeit anschauen, die bei all den einzelnen Aspekten helfen kann):

1. Löse dein Selbstmitleid

- Ändere deinen Fokus. Weg von der Negativspirale und hin zur Positivität.
- Es wurde noch nie ein Unrecht durch Jammern gelöst und noch nie ist durch Klagen jemand glücklich geworden.
- Hör auf, dich selbst und deine Mitmenschen herunterzuziehen.
- Nimm die Umstände an, wie sie hier und heute sind, und mach das Beste daraus.
- Hör auf zu fragen: „Warum?", und fang an zu fragen: „Wozu?" Was soll dir dieses Ereignis sagen? Was kannst du daraus lernen? Was ist die versteckte Botschaft?

Weitere machtvolle Werkzeuge gegen Selbstmitleid sind Demut und Dankbarkeit. Es ist einfach unmöglich, dankbar für etwas zu sein und sich gleichzeitig selbst zu bemitleiden. Jeder hat in seinem Leben etwas, wofür er dankbar sein kann. Auch du.

Hast du heute warm gegessen? Warm geschlafen? Ein technisches Gerät in der Hand gehalten, das dir das Leben in irgendeiner Weise erleichtert hat? Sei dankbar dafür!

Wenn du beginnst, positiv zu denken, kann das sogar zu einer Aufwärtsspirale führen, wie uns das Gesetz der Anziehung eindrucksvoll demonstriert.

⚠ Ich sage nicht, dass du nicht auch mal traurig oder frustriert sein darfst. Das sind menschliche Emotionen, die zum Leben dazugehören. Unser Gehirn ist jedoch bestrebt, möglichst energieeffizient zu arbeiten. Deshalb nimmt es gerne bekannte „Wege". Und wenn du regelmäßig in denselben Gedankengängen verharrst, werden diese Gedanken zu deinen Standarddenkmustern und beeinflussen dein Leben.

Zünde lieber eine Kerze an, anstatt die Dunkelheit zu verfluchen. Was uns auch schon zum nächsten Punkt führt: Hör auf, andere zu verfluchen.

2. Löse die Schuldzuweisungen

- Vergiss die Schuld. Sie bringt dich nicht weiter.
- Auch dir selbst die Schuld für etwas zu geben, ist nicht wirklich besser. Dann blockierst du dich selbst.
- Übernimm lieber die Verantwortung für die Situation, in der du jetzt bist, auch wenn du sie nicht selbst oder alleine herbeigeführt hast.
- Hör auf, anderen vorzuhalten, was sie falsch machen, sondern mach es selbst besser.
- Du bist vielleicht nicht immer schuld, aber du bist immer verantwortlich.
- Akzeptiere, was war und ist, und finde hier und heute einen Weg, das Problem anzugehen.
- Komm raus aus dem Grübeln und deinem Verstand, der dich in den immer gleichen Denkmustern und Beschuldigungen gefangen hält, und höre wieder mehr auf dein Bauchgefühl.
- Fühlt es sich besser an, Schuldige zu suchen oder ein Problem anzugehen?
- Wechsle von der Opferrolle in die Position eines Gestalters und werde wieder handlungsfähig.

🔅 Achte auch darauf, mit wem du dich umgibst. Die Menschen um dich herum beeinflussen dich, ob du willst oder nicht. Nicht umsonst heißt es: „Zeig mir deine Freunde und ich sage dir, wer du bist." Es ist leicht und verlockend, sich mit Gleichgesinnten zu umgeben, die ins selbe Opferhorn stoßen. Aber es bringt dich nur noch tiefer in die Opferrolle.

⚠ Ich bin der Meinung, dass es nicht angebracht ist, alles von anderen hinzunehmen. Letztlich ist es wenig zielführend, immer darauf zu bestehen, sich an anderen zu orientieren. Der einzige Punkt, an dem du wirklich ansetzen und etwas verändern kannst, bist du selbst. Hör auf, deine Zeit und Energie zu verschwenden, und fang an: bei dir.

Und wenn wir gerade bei Zeit und Energie sind:

3. Löse die Ausreden
- Beende es, den Herausforderungen auszuweichen, und stelle dich ihnen.
- Und: Hör endlich auf, dich selbst und andere zu belügen.
- Triff handfeste Entscheidungen und steh auch dazu. Wenn du nicht entscheidest, entscheiden andere für dich.
- Übernimm die Verantwortung dafür, dass und wie du etwas tust oder auch nicht tust. Aber hör endlich auf damit, alles Mögliche verantwortlich zu machen, außer dich selbst.
- Ausreden und Verantwortung haben nur eines gemeinsam: Wenn du sie suchst, findest du sie!

🔅 Übernimm auch nicht die falsche Verantwortung! Die Verantwortung für dich selbst zu übernehmen, bedeutet, handlungsfähig zu werden. Die Verantwortung für andere zu übernehmen, bedeutet, Opfer zu bleiben. Stichwort „Aufopfern".

Hier ein Beispiel: Opferrolle Mutter: „Ich kann nicht mit dir nach Köln ziehen, das würde mir meine Mutter nie verzeihen." Auf diese falsche Art der Verantwortung werden wir im nächsten Beitrag noch genauer zu sprechen kommen. Jetzt ist es wichtig, dass du bei dir anfängst.

⚠ Ich sage nicht, dass es nicht wirklich irgendwelche Hindernisse in deinem Leben gibt, die dich davon abhalten, ein Vorhaben in die Tat umzusetzen. Wenn man beispielsweise ein langsam reagierendes Bein hat, ist es unwahrscheinlich, dass man ein guter Marathonläufer wird. Ein Ausruhen oder Ausweichen vor Hindernissen ist trotzdem nicht angesagt. Nimm die Hürden in deinem Leben an und finde einen Weg, sie zu überwinden.

Einige der bedeutendsten historischen Persönlichkeiten sahen sich mit enormen Herausforderungen in ihrem Leben konfrontiert. Beethoven war verdammt noch mal taub, als er komponierte! Nutze deine Möglichkeiten, anstatt dich auf deinen Unmöglichkeiten auszuruhen.

Womit wir auch schon beim nächsten Punkt wären …

4. Löse die Bequemlichkeit

Klemm die Arschbacken zusammen und fang an! Nicht irgendwann, sondern im Hier und Jetzt. Was kannst du hier und heute tun, was du ansonsten auf später aufgeschoben hättest? Motivation kommt nicht vor dem Tun. Sie kommt beim Tun! Weil du etwas tust, machst du Fortschritte. Und weil du Fortschritte machst, motiviert es dich, weiterzumachen. Nicht umgekehrt. Du bist der einzige Mensch, der dein Leben wirklich in die Hand nehmen kann. Das Leben ist kurz! Willst du wirklich deine kostbare Lebenszeit einfach über dich ergehen und ungenutzt verstreichen lassen, anstatt sie aktiv zu leben und zu gestalten? Reflektiere darüber, wie viel Zeit deines Lebens bereits ungenutzt verstrichen ist und wie viel Zeit dir noch zur Verfügung steht.

💡 Beginne mit kleinen Schritten. Oft demotiviert uns der pure Umfang einer Aufgabe. Wenn du aber mit einem kleinen Bröckchen beginnen kannst, fällt es meist viel leichter, einzusteigen. Und wenn du erst einmal im Flow bist, geht der Rest oft wie von selbst.

Anstatt die ganze Wohnung zu reinigen, empfiehlt es sich, zunächst das Schlafzimmer oder den Schreibtisch zu bearbeiten. Das ist übrigens auch ein wirksamer Schlüssel zum Ändern von Gewohnheiten.

⚠️ Ich bin der Meinung, dass es durchaus angebracht ist, gelegentlich großzügig zu sein und Dinge einfach auf sich beruhen zu lassen. Entspannung ist im Leben genauso wichtig wie Anstrengung. Aber genau das ist auch der Punkt: Es ist genauso wichtig.

Erst die Anstrengung, doch die Entspannung danach ist ebenso attraktiv (und umgekehrt). Aus diesem Grund finde ich persönlich auch die Vorstellung vom christlichen Paradies so schrecklich: Auf Ewigkeit in Lethargie und Nichtstun dahinsiechen, klingt für mich eher wie eine Version der Hölle.

Und wo wir gerade bei den Bildern im Kopf sind:

5. Löse das Vergleichen

Finde zu dir selbst. Stärke deinen Selbstwert. Lerne Selbstliebe. Richte dich an deinen eigenen inneren Maßstäben aus, nicht an denen anderer. Die Vorgaben anderer wirst du sowieso nie erreichen, da immer die anderen die Kontrolle darüber haben, sie zu verändern. Nur deine eigenen Werte hast du selbst in der Hand. Es wird immer Personen geben, die besser, schöner, reicher oder klüger sind als du.

Akzeptiere, dass du niemals in allem der Beste, aber auch nicht in allem der Schlechteste sein wirst und dass es auch gar nicht darauf ankommt, andere zu übertrumpfen. Wechsle von der Abhängigkeit in die Eigenverantwortung.

💡 Paradoxerweise wirst du gerade durch den Fokus auf dich selbst auch mehr Anerkennung von anderen bekommen, weil du dir selbst treu bist und wir authentische Menschen mögen.

Je mehr dir die Meinung anderer egal wird und du dich auf dich selbst konzentrierst, desto besser kommst du sogar noch bei anderen an.

Stell dir immer die Frage: Was will ich wirklich im Leben? Deine Antwort auf diese Frage sollte dein Maßstab sein.

⚠ Ich sage nicht, dass dir andere völlig egal sein sollten. Wir sind und bleiben soziale Wesen, und der soziale Vergleich hat uns über Jahrtausende beim Überleben geholfen. Bestrafe dich nicht selbst, wenn du dich dabei ertappst, dass du dich doch wieder vergleichst. Aber mach dich einfach nicht davon abhängig. Fokussiere dich auf deine eigenen Werte und Ziele.

Und wenn du das Vergleichen überhaupt nicht sein lassen kannst oder willst: Vergleiche dich doch mal mit dir selbst: Bist du heute etwas besser, schlauer, fitter als gestern?

Das hilft auch beim sechsten und letzten Problem.

6. Löse die Selbstgerechtigkeit
Niemand schuldet dir etwas! Nicht die Welt, nicht deine Eltern und auch nicht die Öffentlich-Rechtlichen, die du seit Jahren heldenhaft mit deinem Rundfunkbeitrag finanzierst. Hör auf zu erwarten, dass andere dich glücklich machen können oder sollen, und fang endlich an, das selbst zu tun.

Hör auf, Anerkennung einzufordern, und verdiene sie dir. Hör auf, dich zu fragen, was dir zusteht, und fang an, dich zu fragen, was du tun kannst!

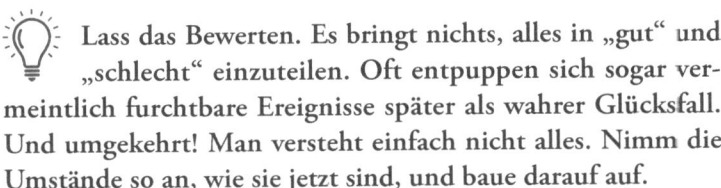 Lass das Bewerten. Es bringt nichts, alles in „gut" und „schlecht" einzuteilen. Oft entpuppen sich sogar vermeintlich furchtbare Ereignisse später als wahrer Glücksfall. Und umgekehrt! Man versteht einfach nicht alles. Nimm die Umstände so an, wie sie jetzt sind, und baue darauf auf.

 Ich sage nicht, dass du dir nicht deiner eigenen Werte oder deines Selbstwertes bewusst sein sollst.

Wahrer Selbstwert bedeutet, dass man seinen eigenen Wert kennt, ohne ihn anderen aufdrängen oder ihn ständig bestätigt bekommen zu müssen.

„Okay, und wie soll ich die ganze Theorie jetzt in die Tat umsetzen?", fragst du dich bestimmt. Schauen wir uns dazu doch noch ein paar alltägliche Beispiele an:

1. Schuldzuweisungen

➤ „Wenn ich eine bessere Kindheit gehabt hätte, hätte ich es auch zu etwas bringen können…"

Anstatt dich immer wieder über deine Eltern und deine verpassten Chancen zu beschweren und dich auf deiner Vergangenheit auszuruhen, könntest du dich fragen, was du jetzt selbst tun kannst, um deine Ziele zu erreichen.

Du bist kein Kind mehr. Du bist nicht mehr abhängig von deinen Eltern. Du bist alt und frei genug, um raus in die Welt zu gehen und Wege zu finden, das zu erreichen, was du dir wünschst. Jeden Tag.

2. Ausreden

➤ „Ich sollte den Dreckskerl verlassen, aber dann wäre ich ganz auf mich gestellt…"

Anstatt dich mit deinen Ausreden selbst zu belügen und zu sabotieren, könntest du dich einfach mal der Tatsache stellen, dass diese toxische Beziehung dir schadet und es mit jedem weiteren Tag nicht besser, sondern schlimmer wird.

3. Bequemlichkeit

➤ „Mit dem Sport fange ich nächsten Monat an…"

Anstatt das Unbequeme immer wieder auf später aufzuschieben, könntest du hier und heute einfach damit beginnen.

➤ „Du hast ja recht, aber ich habe gerade gegessen und mein Bauch ist so voll", denkst du jetzt vielleicht.

Stimmt, denn es heißt ja: „Nach dem Essen sollst du ruhen. Oder tausend Schritte tun!"

4. Vergleichen

➤ „Mein Kollege arbeitet viel weniger und bekommt mehr Gehalt …"

Anstatt dich dauernd zu fragen, was andere tun und bekommen, könntest du einmal den Fokus auf dich lenken und dich fragen, was dir selbst wirklich wichtig ist.

Du könntest dich fragen, welchen Stellenwert Geld wirklich für dich hat (statt es nur anzustreben, weil alle es tun), deine eigenen Maßstäbe für deine Arbeit setzen und dich daran orientieren (und dich damit unabhängiger von externer Anerkennung machen), deinen Chef um eine Gehaltserhöhung bitten oder einen anderen Weg suchen, mehr zu verdienen, wenn dir dein Gehalt nicht reicht.

„Aber andere kriegen es wirklich hinterhergeworfen, ohne all das tun zu müssen!", denkst du jetzt vielleicht. Aber was ändert das an deiner Situation?

5. Selbstgerechtigkeit

➤ „Ein ‚Bitte' und ein ‚Danke' sind ja wohl das Mindeste, was man erwarten kann …"

Anstatt immer nur darauf zu beharren, was man theoretisch erwarten kann, könntest du dich einfach mal auf die Realität einlassen und mit den Umständen so umgehen, wie sie gerade sind.

Du könntest erkennen, dass „bitte" und „danke" nur Wörter sind und niemand stirbt, wenn sie unausgesprochen bleiben, zumal „bitte" und „danke" viel kraftvoller wirken, wenn du sie nicht erwartest.

„Aber wir sind doch hier in Deutschland. Da kann man ja wohl erwarten, dass sich die Leute an die Gepflogenheiten halten", denkst du jetzt vielleicht. Ich erwarte nicht, dass du diesen Punkt sofort verstehst.

„In der Theorie klingt das alles ganz einfach …"

Ich weiß, in der Theorie klingt das alles so einfach. Aber wie bereits anhand der Beispiele gezeigt wurde, besteht immer die Verlockung, in diese etablierten Opfermuster zurückzufallen.

Zumal es ja auch meistens mehrere Baustellen gleichzeitig sind, um die wir uns hier kümmern müssen. Aber keine Sorge. Es ist nämlich nicht so, dass du wie auf einer To-do-Liste einen Punkt nach dem anderen angehen und lösen musst. Schließlich bist du ja auch nicht Schritt für Schritt per Anleitung in die Opferrolle gerutscht.

Eine Gemeinsamkeit, die allen Schritten zur Lösung der Opferrolle zugrunde liegt, ist das Loslassen.

Wir könnten zum Beispiel auch sagen:
- Lass das Selbstmitleid los.
- Lass die Schuldzuweisungen los.
- Lass die Ausreden los.
- Lass die Bequemlichkeit los.
- Lass das Vergleichen los.
- Lass die Selbstgerechtigkeit los.
- Oder: Lass die Opferrolle los.

Weil alle Aspekte der Opferrolle durch Festhalten hervorgerufen werden (zum Beispiel das Festhalten an der Negativität, an der Schuld, an der Bequemlichkeit …), können wir sie auch alle durch die grundlegende Fähigkeit des Loslassens auflösen. „Sechs auf einen Streich" sozusagen.

Um dich aus der Opferrolle zu lösen und endlich die Verantwortung für dein Leben zu übernehmen, ist eine Erkenntnis von ganz zentraler Bedeutung:

Du hast immer die freie Wahl für deine Entscheidung!

Du wirst jetzt vielleicht denken:
„Was für ein Unsinn! Man hat eben nicht immer die Wahl. Manchmal kann man nicht anders."

Und ich sage darauf: Doch, du hast wirklich immer eine Wahl! Selbst wenn dir jemand eine Pistole auf die Brust setzt.

Warum „keine Wahl haben" eine Ausrede ist und wie du in wirklich jeder Situation einen Ausweg finden und zum

Gestalter deines Lebens werden kannst, schauen wir uns im nächsten Kapitel an.

Wie sollte ich mit Opfern umgehen?

Oft stellen mir Menschen die Frage, wie sie mit Kollegen, Freunden oder Verwandten in der Opferrolle umgehen sollen oder wie sie ihnen sogar helfen können.

Die ernüchternde Antwort lautet: gar nicht… Man kann keinen Menschen unterstützen, der sich freiwillig dazu entscheidet, zu leiden. Wie beim Drogensüchtigen muss es beim Betroffenen einfach selbst „klick" machen. Erst wenn ein Individuum selbst nach einer Lösung sucht, kannst du ihm behilflich sein. Aber auch dann kannst du ihn lediglich unterstützen, da die Opferrolle letzten Endes nur von jedem selbst abgelegt werden kann. Deshalb habe ich in diesem Beitrag auch so viel Augenmerk auf die Merkmale und die Nachteile der Opferrolle gelegt. Damit es endlich „klick" macht.

Und deshalb rate ich meistens auch wirklich, den Kontakt mit solchen Menschen auf das Nötigste zu beschränken (Stichwort: Selbstfürsorge). Denn Opfer gebären neue Opfer, wie wir weiter oben gesehen haben.

Du kannst Gandhi, der Dalai Lama oder Buddha persönlich sein. Wenn du dich mit negativen Menschen umgibst, wird das deine Einstellung negativ beeinflussen. Und wenn du ebenfalls in ein Loch fällst, kannst du für niemanden mehr da sein. Vielleicht denkst du jetzt so etwas wie: „Aber Tante Brunhilde erwartet doch, dass ich für sie da bin! Ich kann sie doch nicht im Stich lassen!"

Merkst du was? Entscheidungen treffen, selbstverantwortlich sein, nicht die falsche Verantwortung übernehmen. All das sind Kennzeichen des Gestalters. Also mach dich nicht selbst zum Opfer!

Fassen wir noch einmal zusammen:
Die Opferrolle ist wie eine Droge. Opfer zu sein, ist einfach. Sich das einzugestehen, ist schwer.

Sechs eindeutige Merkmale kennzeichnen die Opferrolle:
1. Selbstmitleid
2. Schuldzuweisungen
3 Ausreden
4. Bequemlichkeit
5. Vergleiche
6. Selbstgerechtigkeit

Warum ist die Opferrolle so gefährlich?
Sie bietet kurzzeitige Vorteile wie zum Beispiel Anerkennung, Zugehörigkeit oder Legitimation. Der kurzfristige Aufwand ist meist gering, aber der langfristige Schaden dafür umso höher. Damit wird ein Teufelskreis aus Negativität verstärkt, der die Person weiterhin belastet, ihre Hilfsbedürftigkeit erhöht und dazu führt, dass sie von ihren Mitmenschen abgestoßen wird.
Hör auf mit Selbstmitleid, Schuldzuweisungen und all dem anderen Opfergehabe, das dich nicht weiterbringt, und übernimm endlich die Verantwortung! Opfersein ist eine Entscheidung: deine Entscheidung. Entscheide dich bewusst dafür, kein Opfer, sondern Gestalter zu sein. Wie du das schaffst, haben wir anhand der Tipps und Beispiele besprochen.

Der gemeinsame Nenner:
Das Loslassen liegt allen Schritten zur Lösung der Opferrolle zugrunde.

KAPITEL 3

Werde zum Verursacher

Die Welt der unendlichen Möglichkeiten nennt man Wirklichkeit. Alles, was nicht mit unserer Wirklichkeit verknüpft ist, wird oft „Realität" genannt. Wir wissen von unserer Wirklichkeit, also der „Realität", nur, dass Informationen existieren. Alles andere sind lediglich Interpretationen dieser Informationen durch unseren Verstand. Ob diese Interpretationen durch unser Gehirn der Realität wenigstens nahekommen oder nur „nützliche" Illusionen für unser Überleben sind, lässt sich zunächst einmal nur aus der Sicht der Evolution beantworten.

Die Gehirnfunktionen des heutigen Menschen entwickelten sich durch natürliche Selektion, was nahelegt, dass sie die Realität widerspiegeln. Interpretationen, die damals überlebenswichtig waren, setzten sich durch. Doch überschätzen wir uns oft selbst, indem wir glauben, die Realität müsste unseren engen Anschauungen folgen. Offensichtlich weichen unsere Sichtweisen von der Realität ab, auch wenn wir meinen, die Regeln der Quantenphysik zu verstehen.

Jeder konstruiert seine Realität, die von der objektiven Realität abweichen kann. Manche Filme wirken realistischer als die eigene Wirklichkeit. Oft erschaffen wir Parallelwelten, die das abbilden, was wir glauben wollen. Alles im Leben ist wie ein Puzzle, das sich erst mit der Zeit löst.

Unsere Wahrnehmung formt unsere Wirklichkeit.
Menschen können positiv oder negativ denken. Diese Einordnung ist subjektiv. Das Leben bleibt unbeirrt, ist weder positiv noch negativ. Menschen sind weder gut noch schlecht. Alles ist

Energie, die über unsere Körperlichkeit hinausgeht. Sie durchdringt alles und breitet sich bis ins Unendliche aus. Das Kleine ist im Großen und umgekehrt. Energie stirbt nicht, sondern wechselt die Form. Sie ist für alle Aktivitäten unverzichtbar.

Den ganzen Tag formen wir Energie um.
Jeder ist wie ein Alchemist, der Blei in Gold verwandelt oder umgekehrt. Wir entscheiden, welche Form unser Leben annimmt. Unsere Welt ist polar, vereint Gegensätze. Alles hat zwei Seiten. Ohne Plus kein Minus, ohne Tod kein Leben, ohne Wärme keine Kälte. Jeder muss akzeptieren, dass Gegensätze unabdingbar sind. Gesundheit existiert nur durch Krankheit, Glück durch Schmerz. Etwas auszuwählen und das Gegenteil auszuschließen, ist ein Irrweg. Realität ist das oberste Gesetz: Realität ist das, was ist.

Wir erkennen die Perfektion der Schöpfung in der Natur.
Doch in unserem Erleben leugnen wir das oft. Kinder zeigen uns, dass Menschen von Geburt an vollkommen sind. Wir müssen nirgendwohin streben oder Vollkommenheit anstreben. Jemand glaubte einmal, wir seien unvollkommen, und wir nahmen das an. Dieser Glaube stört unseren natürlichen Zustand der Vollkommenheit. Mit Tricks verstecken wir das Gefühl der Unvollkommenheit.

Im Spiel „Mensch ärgere dich nicht" brauchst du eine Sechs, um zu starten.
Unser Leben verläuft wie ein Film in unserer inneren Welt. Alles, was nicht zu unserer Wirklichkeit passt, bleibt ein Spiel. Auch wenn wir zu Beginn keine Sechs würfeln müssen. Realität ist das Spiel, das wir gestalten. Erkenne dies, und du kannst Entscheidungen treffen, sie variieren oder Regeln ändern.

Wie dein Gehirn deine Realität formt, erklärt sich selbst an dem folgenden Beispiel: Ein Fußballspiel deiner Lieblingsmannschaft ist Unterhaltung, ohne Einfluss auf deine Wirklichkeit. Es wäre anders, wenn Fußball dein Lebensinhalt wäre und Ärger nach dem Spiel bleiben würde. Fußballspiele deiner Lieblingsmannschaft, ob vor dem Bildschirm oder im Stadion verfolgt, bieten lediglich Unterhaltung. Sie beeinflussen nicht direkt deine Wirklichkeit und Realität. Das passiert erst, wenn Fußball quasi zum Lebensersatz wird. Wenn etwa Verärgerung über einen nicht gegebenen oder verschossenen Elfmeter auch nach Ende des Spiels bleibt.

Die Realität, die wir in uns selbst erschaffen, ändert sich natürlich über die Jahre hinweg. In deinem Inneren bleibst du jedoch immer derselbe, auch wenn die Umwelt oberflächliche Veränderungen in deinem Verhalten wahrnimmt, um den äußeren Anforderungen gerecht zu werden. Auf dieser Ebene treten offensichtliche und erkennbare Veränderungen auf, die erforderlich sind. Unsere Gedanken zwingen uns oft, unsere Ansätze zu überdenken. Sie kontrollieren uns und passen unsere Wahrnehmung der Realität jederzeit an. So erlangt man Kontrolle über sich selbst. Das spiegelt sich darin wider, wo du in der Welt stehst, wie du sie interpretierst und wie du auf Ereignisse reagierst. Und letztlich, wie du deine Emotionen empfindest.

Monopoly – die Jagd nach Reichtum und Erfolg!

In der Realität streben Menschen häufig nach Reichtum und Erfolg. Fast jeder möchte im Überfluss leben. Reichtum erscheint als sichere Basis und Fundament. Mit ausreichend Geld lassen sich Alltagsprobleme leichter meistern. Erfolg sichert und stärkt den Reichtum. Er steigert unser Ansehen und scheint uns beliebter zu machen als „arme Kirchenmäuse". Daher sind Reichtum und Erfolg begehrenswert. Mit Reichtum kann man sich ein luxuriöses Heim schaffen, ein elegantes Auto fahren oder in ferne Länder reisen. Das dabei ausgegebene Geld stärkt die Wirtschaft durch gut bezahlte Aufträge und Trinkgelder. Wohin fließt das Geld? Zu den Optimisten, die Geld als etwas Positives schätzen. Diejenigen, die von ihrem Erfolg überzeugt sind und sich ihres Wohlergehens sicher sind. Diese Sicherheit verankert sich im Unterbewusstsein und potenziert den Wohlstand der Optimisten. Deshalb werden die Wohlhabenden immer reicher. Ist Neid auf Reiche sinnvoll? Das wäre, als wäre ein Kranker neidisch auf Gesunde. Solch eine Einstellung hilft nicht. Den gesunden Bruder als Knauser oder arroganten Geldsack zu sehen, fördert nicht die eigene Gesundheit. Ganz im Gegenteil. Solche Gefühle verstärken nur den Krankheitszustand, denn das Unterbewusstsein intensiviert die gelebten Emotionen. Neid und Missgunst gegenüber Reichen bringen nichts. Stattdessen sollte man an sich selbst arbeiten. Der Fokus sollte nicht auf dem aktuellen Status (arm) liegen, sondern darauf, was man sein möchte: reich oder gut versorgt. Gott hat uns in Fülle geschaffen, nicht in Mangel. Wer diesen Reichtum ablehnt, wird ihn nicht erfahren.

Es wäre leicht, den weltweiten Reichtum gerecht zu verteilen. Dazu braucht es eine positive Einstellung aller Menschen. Diese Veränderung könnte zu einem angemessenen Finanzsystem führen und globale Stabilität fördern. So profitieren alle, und größerer Wohlstand wäre möglich.

Was können Wohlhabende tun, um den Armen zu helfen? Vermögende und Besserverdiener fragen sich, wie sie zur Gerechtigkeit beitragen und den weniger Wohlhabenden helfen können.

Das Geld fließt automatisch zu den Positivdenkern. Diese betrachten Geld als etwas Positives und Gottgegebenes, lieben es, verehren es und fühlen sich im Umgang damit wohl. Sie sind fest überzeugt, immer erfolgreich zu sein, und sicher darin, dass es ihnen auch in Zukunft gut gehen wird.

Die Ressourcen der Erde sind allerdings begrenzt. Hemmungsloser Konsum zerstört unsere Lebensgrundlage und letztlich die Menschheit selbst. Mäßige dich auf ein vernünftiges Maß und bleibe bescheiden, ohne zu klagen. Du kannst dir die wunderbarsten Autos leisten, die schönsten Yachten und edelsten Früchte. Doch hast du auch an die Wiederverwertung gedacht? Tue etwas, um die Ressourcen der Erde zu schonen, und werde aktiv. Die Unternehmen sehen sich gezwungen, stetig neue Bedürfnisse bei Verbrauchern zu wecken. Dass das nicht unbegrenzt so weitergehen kann, dürfte jedem klar sein.

Ehrlichkeit ist der Schlüssel zu dauerhaften Erfolgen. Niemand sollte andere betrügen oder unfair behandeln. Vermeide es, durch Täuschung Vermögenswerte zu erlangen oder auf Kosten anderer erfolgreich zu sein. Das universelle Gesetz des Ausgleichs sorgt für Konsequenzen, die dem Täuschenden schaden. Vermeide es, einem Lebewesen Schaden zuzufügen oder jemanden zu hintergehen, um persönlichen Gewinn zu erzielen. Anstatt darüber nachzudenken, wie du Konkurrenten übertrumpfst, konzentriere dich darauf, dein eigenes Angebot zu verbessern. Dein Fokus sollte stets auf deinem Angebot liegen, um langfristigen Erfolg zu sichern. Sollte Geld benötigt werden, sei es für ein Auto, eine Reise oder um Schulden zu begleichen, denke immer zuerst an die Erfüllung! Vermeide es, nur die finanzielle Seite zu betrachten. Wenn du ein Auto möchtest, stell dir vor, wie du es fährst und das Gefühl erlebst, es vollständig bezahlt zu haben. Planst du eine Reise? Erlebe die Reise gedanklich, sammle Informationen, analysiere Flugpläne und Reisekataloge. Lebe die Reise in Details, bete um Erfüllung und sei dankbar dafür. Idealerweise solltest du den Reisepreis frühzeitig begleichen. Glaube fest an die Lösung deiner Probleme, unabhängig vom Weg dorthin. Die kosmische Intelligenz – oder Gott – hat viele Wege zur Problemlösung. Es kann eine Erbschaft sein, ein Privatkredit oder ein zufällig gefundenes Geldstück, ein Geschenk oder ein Lottogewinn. Aber riskiere nie zu viel. Meide Lotterieveranstaltungen und spiele nur bei gutem Gefühl, dann aber nur mit kleinen Beträgen. Vor allem, leih dir kein Geld dazu!

Wer von Reichtum träumt, benötigt zuerst eine klare Vorstellung seiner Ziele. Soll Reichtum bedeuten, genug Geld für einfache Lebensbedürfnisse zu verdienen, oder möchtest du dir teure Autos, Yachten und Luxushotels leisten? Dennoch, denke dabei niemals ausschließlich an Geld. Träume davon, befriedigende Arbeit zu leisten und dabei glücklich zu sein, oder besuche geistig deine Traumziele. Genieße die Fahrt mit einem neuen Cabrio durch eine schöne Frühlingslandschaft und kehre in einem idyllischen Café ein. Träume intensiv, bete und nutze die Kraft der Suggestion. Wichtig ist, sich nicht am Geld „festzubeißen", sondern sich auf die Erfüllung zu konzentrieren. Ob beim Einkaufen oder gemütlichen Bummeln, richte dein Streben nicht nur auf finanzielle Aspekte, sondern auf die Möglichkeiten, die sie bieten. Geld allein hat keine wirklichen Funktionen, sondern ist nur ein Tauschmittel.

Es gibt natürlich Möglichkeiten, durch Lottogewinne reich zu werden. Jedoch ist es unrealistisch, zu glauben, Glücksspiele führten automatisch zum Reichtum. Magische Praktiken könnten theoretisch helfen, Lotto- oder Roulette-Zahlen vorherzusehen, doch dies erfordert Vertrauen. Dennoch ist es nur eine Option. Versuche nicht, mit Druck nachzuhelfen. Entspanne dich, konzentriere dich auf Wohlstand und die kosmische Intelligenz wird für dich aktiv. Es gibt Berichte von Menschen, die mit einem Pendel Lottozahlen herausfanden oder durch Suggestion („Offenbare mir den Sieger") gewannen. Diese Menschen standen nicht unter Druck. Zudem gewinnen im Lotto oft Menschen, die nach langem Spielen die Hoffnung aufgeben und so Blockaden auflösen. „Denn leicht ist es in den Augen des Herrn, den Armen schnell reich zu machen."

Um die Formel für Reichtum zu verstehen, musst du erkennen, dass man erntet, was man sät. Wenn Reichtum gewünscht ist, sollte man Reichtum säen. Was bedeutet das? Wir wissen, wie wir Armut säen: durch mangelnde Wertschätzung oder negative Bewertungen anderer. Wer Rechnungen nicht zahlt oder aufschiebt, sät Armut. Denn was man dem anderen gibt, das wird zurückkehren. So wie der Bauer vorausplant, indem er Samen kauft und sät, ohne sofort den Ertrag zu sehen, müssen wir ebenfalls vertrauen. Vertrauen darauf, dass sich Reichtum einstellt, wenn wir ihn säen. Reichtum entsteht, indem wir anderen Lebewesen und sogar Maschinen mit Wertschätzung begegnen. Ist es nicht spannend, dass die Entscheidung zwischen Reichtum oder Armut bei dir liegt? Entscheidung bedeutet Liebe. Du entscheidest dich für das, was du liebst. Liebe ist das, wofür man alles opfert. Gehe durch die Welt und wünsche jedem Reichtum. Wer oder was hindert dich daran, Reichtum zu säen?

Entscheidend dabei ist, worauf du deine Energien lenkst. Immer, wenn du dich auf etwas konzentrierst, wächst es. Es ist nicht egal, worauf du dich konzentrierst. Wunder geschehen von selbst. Worauf fokussierst du dich? Auf Mangel oder Fülle? Auf harte Konkurrenz oder auf Konsumenten mit wenig Geld? Das ist erlebte Lebensphysik. Werde vom Sucher zum Schöpfer, das ist das ganze Geheimnis.

Was passierte, als Ex-Bundeskanzler Gerhard Schröder den Sozialstaat reformierte? Deutschland stand gegenüber allen anderen Ländern Europas sehr gut da. Nebenbei bemerkt: Der Sozialstaat zerstört die Familienbande. Die Macht geht vom Familienverbund zum Staat über. Anstelle der familiären Unterstützung tritt die Hilfe einer anonymen Organisation in den Vordergrund. Auf dieser Erde gibt es keine Sicherheit, nur Möglichkeiten. Wer Sicherheit verspricht oder anstrebt, erzeugt „mit Sicherheit" das Gegenteil.

Wer Wohlstand anstrebt, benötigt Kontrolle – die Kontrolle über sein eigenes Leben.

Es gibt zwei Ebenen im Leben: kontrollierbar und nicht kontrollierbar. Der tägliche Kampf spielt sich im Kopf ab! Es ist der Kampf gegen Angst, Zweifel und schädliche Gedanken. Angst oder Liebe ist die entscheidende Frage. Sorgen repräsentieren Ängste, Liebe repräsentiert den Glauben an unendliche Möglichkeiten. Ängste halten in Bewegung, ohne Fortschritt. Destruktive Ängste entstehen dort, wo keine Kontrolle möglich ist. Beispiele dafür sind Wetter, Kriege, staatliche Maßnahmen und Religion. Jeder sollte sich auf den Bereich konzentrieren, den er beeinflussen kann. Zum Beispiel Saatgut beschaffen und säen, Fortbildungen, die richtige Partnerwahl.

Wer Wohlstand will, fokussiert seine Energie auf die Bildung von Wohlstand. Nur wer sich von anderen abhebt, wird besser. Wahre Weisheit ignoriert unbedeutende Dinge. Es gibt keine objektive

Welt; sie ist, was wir von ihr denken. Unabhängig vom Kontostand kannst du dich als wohlhabend sehen.

Die Welt ist, was du von ihr denkst. Du bist, was du von dir denkst. Manche Völker haben ein bewusstes Armutsdenken. Keine Hilfe ändert dies ohne Veränderung des Denkens. Auch mit einem Minus auf dem Konto könntest du Wohlstand empfinden. Ein Angestellter, der ständig kritisiert, darf sich über finanzielle Engpässe nicht wundern. Der Kosmos kennt nur Überfluss. Die Natur bietet Vielfalt im Überfluss. Mangel ist eine menschliche Kreation. Energie ist im Universum im Überfluss vorhanden. Alles Sichtbare auf der Erde ist manifestierte Energie. Diese Energie existierte lange vor dem Menschen. Der Mensch hat kein einziges Atom hinzugefügt, trotz wissenschaftlicher Errungenschaften. Alles war im Überfluss vorhanden. Du bist Überfluss und der Meister deines Lebens. Du entscheidest, ob sich Überfluss oder Mangel manifestiert. Armut und Reichtum sind nur einen Gedanken voneinander entfernt.

Wer daran glaubt, dass etwas Erwünschtes (oder aber Befürchtetes) geschehen wird, bringt durch die damit aufgebaute Rückkoppelung automatisch geeignete Impulse hervor, die zu einer Art Anziehung führen können. Nehmen wir als Beispiel die passende Antwort, die uns in der Gestalt äußerer Ereignisse begegnet. Treffen wir auf Widerstand, können wir häufig feststellen, dass dieser eher innerlich wirkt – geboren aus starken inneren Impulsen oder aber aus vorhandenen Glaubensvorstellungen. Wenn es uns dann gelingt, uns zum Beispiel immer wieder plastisch die mit unseren tiefen Impulsen übereinstimmende Person vorzustellen, welche wir einschließlich ihrer Gefühle sein wollen, dann werden wir uns zu dieser Person entwickeln – zusammen mit allen nötigen äußeren Bedingungen. Je tiefer unsere Überzeugung wirkt, desto wahrscheinlicher wird sich alles fügen.

Reichtum entsteht, wenn man anderen Menschen, Tieren, der Natur und sogar Maschinen, einschließlich des eigenen Autos, mit größter Wertschätzung begegnet. Ist es nicht wunderbar, dass die Entscheidung für Wohlstand oder Armut allein bei dir liegt? Gehe durch die Welt und wünsche allen Menschen, denen du begegnest, Wohlstand und Wohlbefinden. Verursache einen Fluss des Guten!

Wahre Weisheit besteht immer darin, sich nicht mit unwesentlichen Dingen zu befassen. Es gibt keine objektive Welt. Die Welt ist das, was wir von ihr denken. Es ist ein Unterschied, ob du denkst, du bist der Besitzer einer inneren Goldmine oder ein armer, bedürftiger Mensch. Betrachte dich als Besitzer einer Goldmine! Erfolg wird bestimmt durch das, was wir sind und was wir werden. Glaubst du nicht, dein Inneres, dein Lebensgeist sei mindestens so viel wert wie eine Goldmine? Wenn die Welt das ist, was ich von ihr denke, dann bin ich das, was ich von mir denke! Menschen und Völker mit einem ausgeprägten Armutsbewusstsein ändern ihre Lage nicht durch materielle Hilfe. Nur wenn sie bereit sind, ihr Denken zu ändern, kann sich ihre Situation verbessern.

Armut und Reichtum sind nur einen Gedanken entfernt. Ist das Leben nicht unglaublich gerecht organisiert? Wer dies erkennt, sollte kontinuierlich Dankbarkeit zeigen. Wie? Indem du Verantwortung für alles in deinem Leben übernimmst und alles von dir und vom Leben erwartest. Wenn du dem Leben vertraust, wirst du belohnt. Doch auch hier gibt es Herausforderungen: Das Leben steckt voller Überraschungen, die uns manchmal fordern. Solche Erlebnisse sind die Würze des Lebens. Ein reibungsloses Leben wäre langweilig. Wenn du bereit bist, für alles in deinem Leben die Verantwortung zu fühlen, wirst du gewaltige Fortschritte machen. Unabhängig von äußeren Umständen wird dein Leben einfacher und beständiger. Die wirksamste Formel für Wachstum lautet also: Fokussiere deine Energie!

Sei ein schwarzes Loch! Wer seine Ziele verwirklichen will, sollte alles aufsaugen, was zum Wachstum beiträgt. Wer Wind sät, wird

Sturm ernten. Dein Handeln, ob gut oder schlecht, wird verstärkt und du wirst dies spüren. Dein Leben wird sich täglich positiver entwickeln und Wünsche erfüllen. Das Beste steht noch bevor.

Jeder wartet auf die Möglichkeit, Freiheit und Unabhängigkeit zu erlangen. Welche Optionen hast du? Auf Eingebung warten? Das ist eine gute Wahl. Geld fließt oft unbemerkt weg. Die Herausforderung liegt im Rückweg, das Geld zu uns zu bringen. Hin oder weg – das ist die Frage. Der Weg zu Anziehung hängt von Schöpferkraft ab. Entscheidungen hängen meist von Investition und vom Grad der Bequemlichkeit ab. Das ist selten von Erfolg gekrönt, es sei denn mit hohem Kapitaleinsatz. Handeln ist der Schlüssel zum Erfolg. Existenz, Handeln und Besitz sind oft unklar und unspezifisch.

Sein – Tun – Haben!

Das Sein ist in dieser Formel das grundlegendste Element, denn ohne Existenz könnten wir kaum handeln.

Eine Umkehrung wäre durchaus vorstellbar. Dasein ohne Aktivität ist in vielen Traditionen das Ziel. Unsere Identität ist für Philosophen relevant. Alles dreht sich um Tun und Haben. Tun umfasst äußeres Handeln und Gedanken, Gefühle. Unsere Gedanken, seit der Aufklärung wohl deutlich überschätzt, verlieren immer mehr an Bedeutung. Stattdessen rücken unsere Gefühle immer stärker in den Fokus. Denn unser Bewusstsein für Emotionen bringt uns näher an unsere wahre Natur, weniger verschmolzen mit Denken und Handeln.

Aus einer archetypischen Sicht ist das Sein weiblich und das Tun männlich. Optimal ergänzen und befruchten sich beide. Das Weibliche ist fundamental. Weibliche Wesen können sich ohne männliches Zutun fortpflanzen, bekannt als „Parthenogenese". Ohne Weibchen haben männliche Wesen keine Zukunft und sterben aus. Das Männliche ist, wie „Der Spiegel" einst formulierte, ein Luxus der Natur, grundsätzlich aber verzichtbar. Ebenso ist das Verhältnis von Sein und Tun unausgeglichen. Wie bei „Ladies First" ist das Sein wichtiger als das Tun. Vernachlässigen wir diese Erkenntnis, wird unser Leben anstrengend und wir riskieren, an unseren tiefsten Wünschen vorbeizuleben.

Unser Ursprung liegt in einem Frauenkörper, in dem wir neun Monate unser erstes Zuhause hatten. Unsere ursprüngliche Geborgenheit verbinden wir mit Weiblichkeit. Aus diesem Paradies wurden wir vertrieben. Bei der Geburt mussten wir lernen, uns selbst zu versorgen. Je schwieriger das war, desto mehr sehnen wir uns nach der paradiesischen Zeit im Mutterleib. Diese regressive Sehnsucht wird oft mit der Sehnsucht verwechselt, sich in seinem puren Dasein getragen zu fühlen. Beide führen jedoch in unterschiedliche Richtungen. Eine Rückkehr in den Mutterleib ist unmöglich. Diese Sehnsucht kann jedoch in die Sehnsucht nach einer tragfähigen Basis im Leben umgewandelt werden. Diese Sehnsucht hilft, den Zyklus zwanghafter Aktivitäten zu durchbrechen, und ermöglicht, das zu tun, was wir wirklich wollen, und sich von dem zu distanzieren, was nicht unseren Vorstellungen entspricht.

Unsere Aktivitäten werden frei, wenn sie nicht mehr allein der Existenzsicherung dienen. Diese Thematik findet sich in der Diskussion um ein bedingungsloses Grundeinkommen wieder. Es ist tragisch, wie viel Kreativität im Existenzkampf verloren geht, obwohl das nicht notwendig wäre. Solange wir uns um den Lebensunterhalt und die Herkunft von Geld für Nahrung und Unterkunft sorgen müssen, fehlt uns die Energie für kreative Beiträge in Gesellschaft und persönlichem Leben und wir werden ausgelaugt. Auf einer tieferen Ebene geht es um unsere psycho-spirituelle Existenz. Wenn wir uns mit unserem Sein verbinden und erkennen, dass wir nichts dafür tun müssen, setzen wir unsere Fähigkeiten zu fühlen, zu denken und zu handeln frei und gemäß unseren Werten ein. Unser Fühlen, Denken und Handeln mit unseren Werten und unserem Sein zu vereinen, ist eine anspruchsvolle Aufgabe. Dafür sind wir bereit, wenn wir nicht mehr falschen Götzen dienen. Diese Überhöhung des Tuns auf Kosten des Seins beraubt uns und ist tief in unserer Kultur verankert.

Eine geglückte Integration von Sein und Tun bleibt eine menschliche Herausforderung. Unsere Vitalität entfaltet sich in einem Spannungsfeld. Einerseits geschieht sie einfach ohne bewusstes Zutun. Unser Herz schlägt, wir atmen ein und aus. Dafür müssen wir nichts tun. Es geschieht von selbst. Das Beste, was wir tun können, ist, es geschehen zu lassen. Andererseits haben wir Absichten und Ziele, für die wir handeln können. Auf dieser Seite unserer Lebendigkeit gilt: „Von Nichts kommt nichts." Wenn wir hier untätig sind, erreichen wir unsere Ziele wahrscheinlich nicht. Glauben wir hingegen, für alles etwas tun zu müssen, kann das spontane Geschehen stocken. Deuten wir diese Stockung als Zeichen, noch mehr tun zu müssen, landen wir im gleichen Kreislauf wie unser Wirtschaftssystem. Es gibt Lebensbereiche, in denen bewusstes Handeln oft keinen Erfolg bringt: Gefühle entwickeln, eine Erektion oder einen Orgasmus erlangen, mit Krankheit umgehen oder eine sterbende Person begleiten. Solche existenziellen Situationen machen uns den anderen Pol bewusst. Grundlegender als unsere Fähigkeit zu absichtlichem Denken und Handeln ist die Fähigkeit, mit dem zu sein, was ist. Die Schule des Seins orientiert sich daran.

Etwas zu tun, ist nicht verkehrt. Wenn unser Verhalten jedoch suggeriert, dass wir ständig weitermachen müssen, gibt es eine Lektion zu lernen, die durch reines Handeln nicht erreicht werden kann: Präsenz. Je mehr wir diese Fähigkeit erlangen – oder deren Blockade loslassen –, desto freier und spielerischer werden unsere Aktivitäten. Wir sehen es bei unseren Kindern und Enkelkindern: Sie lernen spielerisch und vor dem Schuleintritt freiwillig und ohne Zwang allein durch den natürlichen Drang, sich zu bewegen, sich zu verständigen und dabei die eigenen Fähigkeiten permanent zu erweitern. Nicht ohne Grund heißt es bei der Einschulung: „Jetzt beginnt der Ernst des Lebens."

Unsere gesamte Vitalität zeigt sich in einem Spannungsfeld. Auf der einen Seite passiert sie einfach, ohne bewusstes Zutun. Auf der anderen Seite haben wir Ziele, die gezielte Anstrengungen erfordern. In diesem Teil unserer Lebendigkeit gilt: ohne Einsatz keine Ergebnisse. Vernachlässigen wir unsere Aufgaben, bleiben die Ziele unerreichbar.

Sobald Druck ausgeübt wird, endet das Spiel. Diese Konsequenz hat eine unfreiwillige Tragik, da sie häufig entfremdend wirkt, wenn das Tun dann doch vor das Sein gestellt wird. Die Schule des Seins heilt solche Verletzungen mit einem spielerischen Ansatz. Daraus gedeihen Selbstvertrauen und die Bereitschaft, zu lernen und zu wachsen, was wiederum Vertrauen ins Leben und seine Herausforderungen stärkt. Das Geheimnis des Glücks liegt zu 90 Prozent an unserer inneren Einstellung. Nicht Erfolg bringt Glück, sondern Glück führt zum Erfolg!

Will man glücklich leben, muss man positive innere Strukturen schaffen und auch im Materiellen Meisterschaft erlangen. Nur ein erfülltes äußeres Leben kann wahren Beitrag liefern. Achte dabei auf das richtige Verhältnis. Wer nur äußerlichen Erfolg sucht und das innere Wachstum vernachlässigt, erreicht nie sein Ziel. Begreift man jedoch das innere Glück als Hauptziel, entwickeln sich persönliche Glückswege. Auch wenn diese individuell sind, gelten für alle Menschen die Kernprinzipien: positives Denken, gesunde Lebensweise und harmonische Beziehungen.

Wer glaubt, die Welt verbessern zu müssen, erkennt oft nicht, dass er sich selbst nicht akzeptiert. Das ist wahre Lebensschule: Alles ist gut, wie es ist, mit all seinen Unzulänglichkeiten. Diese Einsicht ist entscheidend, denn wenn unser Schöpfer wollte, wäre schon alles anders. Wir können es nicht ändern.

Auch im großen Buch steht „Dein Wille geschehe!" und nicht „Mein Wille geschehe!" Warum zweifelt man dann daran? An sich oder den Menschen? Sieh das Leben als Abenteuer und geistiges

Training! Jeder Schmerz birgt Potenzial für Wachstum. Jedes Leid kann in Positives verwandelt werden. Werde ein Möglichdenker! Viele denken nur daran, warum etwas nicht klappen kann.

Wo fängt man am besten an?
Dafür gibt es nur eine Antwort. Natürlich im Kopf mit Gedanken: Ich kann … Ich will … Ich werde …

Wir leben in einer Welt der Möglichkeiten, auch wenn Negativdenker uns das Gegenteil einreden wollen. Damit meine ich jene, die mit schlechten Nachrichten Gewinn machen. Heute ist der Start für einen neuen Lebensabschnitt. Wer ernsthaft eine positive Einstellung einnehmen will, sollte in den Spiegel schauen. Dort steht der einzige Mensch, der das Leben verändern kann. Diese Chance liegt in dir, nicht in der Umwelt. Sie wird nicht von außen angeboten. Sei bereit für Veränderung. Lerne nicht, positiv zu denken, sondern hör auf, negativ zu denken.

Viele Menschen streben einfache, erprobte und erfolgreiche Verdienstmöglichkeiten an. Einfach heißt, jeder kann es. Erprobt bedeutet, du siehst, dass es funktioniert. Erfolgreich ist, wenn jeder den Gewinn kalkulieren kann. Sei eine solche Möglichkeit, werde Lebensentwickler! Werde vom Sucher zum Schöpfer. Erfolg verursachen! Erkenne, dass du der Verursacher deines Lebensflusses bist, auch des Geldflusses. Mache deine Berufung zu dem, wofür du lebst. Dann wird das Geld „gemacht", nicht „verdient". Stärke deine geistigen Kräfte und halte an deiner Vision mit Entschlossenheit fest.

Die Welt entwickelt sich positiv, sie geht nicht zugrunde. Denke an den wachsenden Reichtum, nicht an die Armut. Jeder kann das Beste aus sich herausholen und die Welt verändern, auch finanziell. Entdecke und stärke deine innere Kraft. Schaffe ein Unterstützersystem. Handle für Wohlstand. Gib nie auf. Verändere negative Umstände in positive, auf der Mentalebene durch Gedankenhygiene.

Auf der Entscheidungsebene geht es um Information und auf der Aktionsebene ums Tun. Gewinne Unterstützer. Schalte interne und externe Saboteure aus. In der materiellen Ebene zeigt sich der positive Zufluss von Mitteln.

Das Kopf-Bauch-Fuß-Modell:
Ziel im Kopf finden, im Bauch (Gefühl) festigen, mit Taten erreichen.

Die Kraft des Denkens übertrifft die materielle Welt. Starke Gedanken realisieren sich schneller. Denken allein reicht nicht, es muss immer mit Aktivität verbunden werden. Handle jetzt und nutze den Tag!

Fehlt auch nur ein Teil in der Kausalkette, bleibt das positive Ergebnis aus. Alle äußeren Umstände resultieren aus inneren gedanklichen Prozessen. Das trifft auf jeden zu, den du triffst, einschließlich dir selbst. Denke daran: Keine positiven Ergebnisse ohne positives Handeln. Der Wert der von mir gebotenen Leistungen muss aus Sicht des Empfängers den finanziellen Gegenwert übersteigen. Menschen suchen immer nach Orten für persönliches Wachstum (Gesetz der Anziehung). Eine höhere Macht bietet Gelegenheiten, wenn jemand im Einklang mit kosmischen Gesetzen agiert. Wertschätzung und Liebe sind Schlüssel beim Erschaffen. Anziehen und Loslassen gehen Hand in Hand: Anziehen bedeutet, neue Mittel und Ressourcen ins Leben zu lassen. Loslassen bedeutet, sich auf das Hier und Jetzt zu konzentrieren.

Die Welt hat schon viele Katastrophen bewältigt, aber die Menschheit hat daraus Neues aufgebaut.

Die wichtigste Frage lautet:
Ist das Universum ein freundlicher Ort?
Albert Einstein

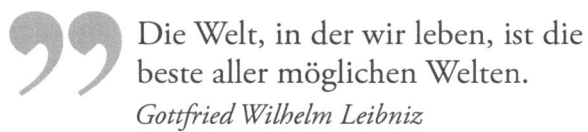

> Die Welt, in der wir leben, ist die
> beste aller möglichen Welten.
>
> *Gottfried Wilhelm Leibniz*

Wenn dein Leben nicht wunschgemäß verläuft, liegt es daran, dass du ungeeigneten Dingen zu viel und geeigneten Dingen zu wenig Beachtung schenkst. Es gibt den inneren Schweinehund gegen die innere Stimme. Den Schweinehund solltest du zwar beachten, aber unter Kontrolle bringen. Er ist ein Saboteur, der nicht mit deinen aktuellen Wünschen übereinstimmt. Das Unterbewusstsein und der Schweinehund zehren von dominanten Gedanken, inneren Bildern und negativen Emotionen. Es ist unmöglich, das Unterbewusstsein zu kontrollieren, da es die universelle Macht birgt. Der innere Widerstand muss überwunden werden, um die inneren Vorstellungen den Zielen anzupassen. Der Schweinehund zeigt die Diskrepanz zwischen Willen und Zwängen. Alles wird im Unterbewusstsein so gespeichert, wie es gesehen wurde. Die innere Stimme ist das Gegenteil des Schweinehundes. Du solltest immer auf sie hören, da sie die erwünschten Inhalte deines Inneren repräsentiert. Beide sind Phänomene des Unterbewusstseins, die Impulse an unser Bewusstsein senden. Welcher Stimme wir folgen, hängt davon ab, inwiefern wir das Unterbewusstsein auf „erwünscht" oder „unerwünscht" programmieren. Also: Den Schweinehund eliminieren und draußen anketten, um seinen Einflüsterungen nicht zu erliegen. Merke: Der Sauhund muss raus! Handlungen, die sich schwer anfühlen, passen nicht zu deinen geistigen Inhalten. Tue, was sich gut anfühlt. Unwohlsein entsteht durch die Lücke zwischen Wunsch und Haben. Imagination ist die Brücke, um über diese Lücke zu gelangen. Albert Einstein sagt: Imagination ist alles. Sie ist die Vorschau auf Lebensereignisse. Imaginieren ist die einzige Handlung mit göttlicher Erfolgsgarantie.

> **TOP-TIPP: Zweimal täglich für zehn bis**
> **15 Minuten an Wohlstand denken.**
> **Dies hebt das Schwingungsniveau stetig.**

Die einzige Methode, eine Brücke zwischen „Soll" und „Haben" zu schaffen, ist der aktuelle Zustand (Haben). Erkenne die Ursachen für den Istzustand, unterbrich sie und verändere die Umstände. Durch Säen von Gedanken ans Unterbewusstsein (Ursache) manifestiert es sich im Glauben. Der Glauben führt zu Handlungen (Tun) und diese führen zu Wirkungen (Ernten). Menschen, Situationen und Dinge treten ins Leben (Wirkung). Die wichtigsten Bindemittel sind Selbstdisziplin und Geduld.

> „Besser nichts tun, als mit viel Mühe nichts zu erreichen."
> *Laotse*

> „Zorn ist der Wind, der das Licht der Vernunft ausbläst."
> *Robert Green Ingersoll*

Denken und Tun müssen in Einklang sein. Führe regelmäßig Tätigkeiten aus, die Freude bereiten, und verbessere dich kontinuierlich. Dupliziere dein Erfolgssystem. Ein erfolgreiches Leben ist untrennbar mit kosmischen Gesetzen verbunden. Setze die richtigen Ursachen, die mit deinen Absichten übereinstimmen. Das gewünschte Ergebnis muss dann „er-folgen". Magic Moments: Sobald du die Existenz von Magie erkennst oder Veränderungen auf unkonventionellen Wegen schaffst, beginnt die Magie zu wirken. Der Wandel von einem NEIN zu einem JA zur Magie verändert dein Bewusstsein schlagartig. Du bist in der Lage, deine Welt zu lenken und dein Leben nach deinen Visionen zu gestalten.

Sei der „Herrscher im eigenen Haus" und gestalte deine Wirklichkeit! Verstehe und ergreife dein Leben! Erlange die Kontrolle über deine Energien: Erkenne, dass Gedanken und Gefühle nicht fester Bestandteil deiner Persönlichkeit sind. Du kannst sie austauschen.

Die Qualität deiner Wirklichkeit basiert auf deinen Absichten und deiner emotionalen Bewertung. Alles, was wir unbewusst erschaffen, verändert sich gemäß unserem Lebensgefühl und unserer Erkenntnis. Diese Sichtweise führt dich zur rechten Zeit an den rechten Ort:

Dein Wille geschehe! Welchen Weg sollst du wählen? Es hängt von der Polarität ab und ist eine Charakterfrage! Was ist dein dominantes Charakteristikum? Mut oder Angst? Bevorzugst du das Verhalten eines Kämpfers oder eines Fluchttiers? Welche Problemlösungskompetenz passt zu deinem Typus? Tun oder lassen? Ingenieur oder Lebenskünstler? Planer oder Gelegenheitsschöpfer?

Viele Menschen handeln nach Plänen, während eine kleinere Gruppe bei Gelegenheiten agiert. Beide Strategien können erfolgreich sein. Die „Gelegenheitsgruppe" ist der „Plangruppe" jedoch oft überlegen. Denn Planer übersehen meistens, dass nichts erzwungen werden kann.

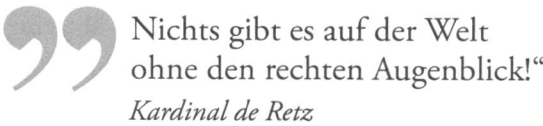

Nichts gibt es auf der Welt
ohne den rechten Augenblick!"
Kardinal de Retz

Lebe immer in der Gegenwart. Das Leben hält sich nicht an Pläne. Der Gelegenheitsaktivist strebt immer danach, zum richtigen Zeitpunkt bereit zu sein. Er will die Gelegenheit am Schopfe packen, wie der Volksmund zu sagen pflegt. Wenn das Leben die Zeit für gekommen hält, bietet es uns die Gelegenheit, unsere Wünsche zu verwirklichen. Planer verpassen häufig diese Gelegenheiten. Wer nach Gelegenheit handelt, strebt danach, zum richtigen Zeitpunkt handlungsfähig zu sein, weil Gelegenheiten nicht von alleine entstehen. Man muss den Weg kennen, an dem sie wachsen sollen. Wir wissen nie, wer oder was uns hinter der nächsten Kurve erwartet. Allgemein bekannt ist, dass sich günstige und ungünstige Situationen abwechseln. Das Prinzip der Gelegenheit birgt ein mächtiges Instrument: die Geduld. Neben perfekter Nachahmung führt echte Geduld zum Erfolg. Ergreife die Gelegenheit und lebe deine glücklichen Träume! Lebe in der Gegenwart! Vergangenheit und Zukunft sind nur Denkgewohnheiten, die Energie rauben, die für die Gegenwart notwendig ist. Liebe die Gegenwart. Wenn du das lernst, hebt sich dein Schwingungsfeld auf ein neues Niveau. „JETZT" ist das Zauberwort.

Such dir einen festen Halt in mindestens drei Lebensbereichen. In diesen Bereichen sicher angekommen zu sein, gibt Stabilität. Aus Leben folgt Leiden. Erleiden heißt erleben. Berufung folgt aus Leidenschaft, die Leiden schafft.

Alles ist gut, wie es ist. Das Leben ist die Zeitspanne zwischen Geburt und Tod. Es liegt nicht in deiner Macht, das zu ändern. Alles ändert sich, außer Gott. Akzeptiere dich und deine begrenzten Möglichkeiten. Versuche nicht, Gott zu spielen!

Tue es jetzt und täglich! Ich bat um KRAFT ... Man gab mir Herausforderungen, um meine Stärke zu fördern. Ich bat um WEISHEIT ... Also bekam ich Probleme zu lösen und konnte dadurch Weisheit erlangen. Ich bat um WOHLSTAND ... Man gab mir ein Gehirn und Muskelkraft, um zu arbeiten. Ich bat um MUT ... Man stellte mir Hindernisse in den Weg, die es zu überwinden galt. Ich bat um LIEBE ... Ich traf besorgte, unruhige Menschen mit Problemen, denen ich beistehen sollte. Ich erhielt nichts, was ich wollte. Doch bekam ich alles, was ich brauchte.

Begegne allen Herausforderungen mit Stärke. Lass Dinge, Menschen, Gewohnheiten gehen, die dir nicht guttun. Lass los, was dich hinunterzieht! Sei offen für Neues, Positives, das dir Energie zurückgibt. Liebe dein Leben. Denke positiv und setze dir Ziele zur Selbstmotivation. Lass das Alte los, um für Neues offen zu sein. Übernimm Verantwortung für dich und dein Leben. Wünsche dir Dinge zum Wohle aller. Behalte deine Wünsche und die Weise, auf die sie sich erfüllen sollen, im Auge.

Konzentriere dich auf deine Ziele, denn dahin fließt die Energie. Glaube an dich und vertraue. Liebe und akzeptiere dich selbst. Suche nach Dingen im Leben, die dich glücklich machen. Gib niemals auf und sei dankbar für deine Erfahrungen; sie stärken dich. Verzeihe dir und dann anderen. Erlaube dir, glücklich zu sein, und übe täglich die Leichtigkeit des Seins. Alles hat seinen Sinn, mag es auch noch so negativ erscheinen. Ohne Licht gibt es keinen Schatten, und ohne Yin kein Yang.

Mein Wille geschehe! Es ist, weil es ist. Warum zweifelt man dann daran? An sich? An den Menschen? An den Systemen? Betrachte das Leben als Abenteuer und geistiges Fitnesstraining. In jedem Leid oder Schmerz liegt immer ein Gewinn. Jeder Schmerz kann zu einer persönlichen Weiterentwicklung führen. Jedes Leid kann in etwas Gutes verwandelt werden.

Werde zu einem Möglichdenker! Die meisten Menschen sind reine Unmöglichdenker, das heißt, sie denken vorzugsweise darüber nach, warum etwas nicht sein bzw. nicht klappen kann. Dabei leben wir alle in einem wahren Ozean an unbegrenzten Möglichkeiten.

Ansatz: Transmutation: positives Denken unter anderem. Das ist das Geheimnis: Du musst dich mit positiver Energie aufladen wie ein elektrisches Teilchen. Anziehung ist die Konzentration auf die Entwicklung von Saboteuren, zum Beispiel falsche Berater, Freunde etc. Zielerreichung per pedes (TUN).

Die Kraft des Denkens übertrifft jede materielle Substanz. Wir wissen: Je stärker und intensiver ein Gedanke ist, umso schneller materialisiert er sich. Man spricht nicht umsonst vom

„Gedankenblitz", von dem man auch im unguten Sinne getroffen werden kann. Betrachte das „Saatgut" der Gedanken als die natürliche „Wurzel" für eine gute Ernte. Das Denken muss mit persönlicher Aktivität verknüpft werden! Das Denken muss Aktivität verursachen!

Wachstum ist das Ziel, das jeder Mensch anstrebt. Alle menschlichen Aktivitäten beruhen auf dem Streben nach Wachstum. Verbinde all dein Tun mit dem Gedanken an Wachstum und stelle sicher, dass dein Gegenüber diesen Gedanken empfängt. Wachstum ist genauso wichtig wie das kleine Einmalein.

Alle äußeren Umstände sind das Ergebnis von inneren gedanklichen Vorgängen. Das gilt für jeden Menschen.

Wertschätzung und Liebe sind wichtige Hilfsmittel beim Erschaffen. Anziehen und loslassen sind die beiden Seiten einer Münze: Die Welt hat schon verheerende Dinge und Katastrophen hinter sich. Die wichtigste Frage, die sich ein Mensch stellen kann, lautet: Ist das Universum ein freundlicher Ort? (Albert Einstein)

Lass den inneren Schweinehund, aber leg ihn dann sofort an die Kette. Wichtig: Nicht einsperren und drinnen lassen! Der innere Schweinehund ist ein Saboteur deines Unterbewusstseins, welcher nicht mit deinen aktuellen Wünschen konform geht. Das Unterbewusstsein und der innere Schweinehund beziehen ihr Futter ausschließlich von den dominanten Gedanken, inneren Bildern und den (negativen) Emotionen. Es ist unmöglich, das Unterbewusstsein zu kontrollieren, da die ganze Macht des Universums darin liegt. Im Unterbewusstsein wird alles so abgespeichert, wie man es zum Zeitpunkt seiner Entstehung gesehen hat. Die Entscheidung, ob wir der Stimme folgen, die uns im positiven Sinne in Erinnerung bringt, was wir bewusst bejahen, oder lieber den Einflüssen lauschen, die uns mit erhobenem Zeigefinger daran erinnern, was wir bewusst verneinen, wird einzig und allein dadurch beeinflusst, in welchem Maße wir das Unterbewusstsein durch eigene. Also: Der Sauhund muss raus!

Erkenne die Ursachen (für die IST-Situation) durch das Säen von Glauben an Handlungen (Tun) und Ernten. Es ist besser, nichts zu tun, als mit viel Mühe nichts zu schaffen.

Tue das, was du denkst. Werden die richtigen Ursachen gesetzt, die mit den Absichten übereinstimmen, MUSS das gewünschte Ergebnis „er-folgen". Magic Moments for your life: Der Moment, in dem dein NEIN Liebe bedeutet, sich einer Aufgabe, Sache oder Person voll und ganz hinzugeben, wie oben bereits festgestellt wurde. Das sind die oft schmerzlichen Scheidewege im Leben, die Kompromisse nicht zulassen. Doch genau diesen Strich zu ziehen, bereitet Mühe, und viele treffen hier nur unzureichende Entscheidungen. Oft schwanken sie über Monate zwischen verschiedenen Optionen, bevor sie letztendlich unzufrieden bleiben. Entscheidungsschwäche. Als „Herrscher im eigenen Haus" die eigene Wirklichkeit gestalten! Die eigenen Lebensabsichten erkennen: Lebensstilerkenntnis/Lebensaufgabe (Ziel). Das (eigene) Leben begreifen und ergreifen! Kontrolle über die eigenen Energien gewinnen: Gedankenkontrolle.

Die Geduld.
Jetzt + wollen + tun + können!
Aus Leben folgt Leiden: Erleiden heißt erleben.
Alles in allem ist gut, wie es ist.
Es liegt außerhalb deiner Aufgaben und Möglichkeiten, das zu ändern.

Befreiungsformel:
Akzeptieren von ALLEM, was ist.
Ich akzeptiere voll und ganz, was ist.

Mir wurden Herausforderungen gegeben, um meine Stärke zu fördern. Ich bat um WOHLSTAND … Ich bat um LIEBE … Und mir wurden Gelegenheiten gegeben, die mich aufforderten, diese zu treffen. Ich bekam nichts, was ich wollte.

Begegne allen Hindernissen – setze dir Ziele zur Selbstmotivation – wünsch dir was – zum Wohle aller – liebe und akzeptiere dich selbst – gönne es dir, glücklich zu sein – ohne Licht kein Schatten und ohne Yin kein Yang.

Es ist wichtig, deine Wünsche, Ziele und Träume klar zu definieren und täglich Schritte zu unternehmen, um sie zu erreichen. Was dich nicht wirklich glücklich macht oder nicht (mehr) richtig funktioniert, sollte nicht im Mittelpunkt stehen. Lenke stattdessen deine Aufmerksamkeit und deine Gefühle auf all das, was dich wirklich erfüllt und glücklich macht. Habe Vertrauen in das Leben und in dich selbst, denn das Leben belohnt dich großzügig, wenn du mutig und vertrauensvoll das tust, was dir wirklich am Herzen liegt. Dennoch handeln viele Menschen und erbringen unpassende Leistungen ausschließlich aus finanziellen Gründen. Lass Schritt für Schritt alles los, was dich nicht wirklich glücklich macht. Nutze jeden Moment dazu, um dich dafür zu öffnen. Andernfalls wird die Situation einfach in ihrem aktuellen negativen Zustand fortgesetzt, tendenziell sogar verschlechtert. Tag für Tag fokussieren ... Denken, Fühlen und TUN sollten alle das gleiche Ziel haben und an einem Strang ziehen. Gute Gesundheit als Basis für ein glückliches und erfolgreiches Leben. Eine liebevolle und stimmige Partnerschaft, um die schönen Momente und Dinge des Lebens zu teilen. Von nichts kommt natürlich auch nichts. Darum muss man sich das Erwünschte ganz konkret wünschen, sich einfühlen und alles Notwendige dafür tun und alles Verhindernde loslassen.

KAPITEL 4

Erlebe deine Träume

Es gibt zahlreiche Berichte von Menschen, die behaupten, in ihren Träumen Ereignisse oder Situationen vorhergesehen zu haben, die später tatsächlich eingetreten sind. Diese Erfahrungen wecken das Interesse vieler Menschen und werfen die Frage auf, ob Träume manchmal tatsächlich wahr werden können.

Ähnliche Fragestellungen sah auch schon der französische Philosoph René Descartes (1596–1650). Ihm kamen manchmal Zweifel, ob er wirklich am Kamin sitzt und Papier mit seinen Händen betastet oder ob er lediglich davon träumt, am Kamin zu sitzen und zu lesen. Descartes dachte am Kamin über die Frage nach, wieso jemand sicher sein kann, dass er wach ist und nicht nur davon träumt, wach zu sein.

Können Träume wirklich wahr werden? Was genau sind eigentlich Träume und was verbirgt sich dahinter? Sind sie vielleicht geheime Botschaften unseres Unterbewusstseins oder gar des Universums, die nur darauf warten, von uns entschlüsselt zu werden? Oder sind sie nur das Ergebnis zufälliger neuronaler Aktivitäten in unserem Gehirn während des Schlafs? Gibt es eine tiefere Bedeutung hinter den Bildern und Symbolen, die in unseren Träumen auftauchen?

Als Träume können wir die großen Visionen bezeichnen, die wir für unser Leben haben, die „Was wäre, wenn"- und „Eines Tages werde ich"-Vorstellungen, die uns durch den Kopf schwirren. Im Gegensatz dazu sind Ziele die Schritte, die wir unternehmen, um diese Träume Wirklichkeit werden zu lassen. Sie sind umsetzbar, messbar und zeitlich befristet.

Ein Traum ist mehr als nur ein Film, der sich in deinem Kopf abspielt; er ist eine Vision, eine ferne Zukunft, wie du sie dir für dein weiteres Leben wünschst. Träume sind von Natur aus grenzenlos, befreit von allen Ketten der Realität. Sie sind der Keim unserer tiefsten Wünsche und Sehnsüchte, oft vage und ausufernd, eine Mischung aus Gefühlen, Wünschen und Projektionen unseres idealen Selbst.

Träume sind mehr als nur Fantasien, die während des Schlafs in unserem Kopf entstehen. Sie manifestieren sich in Form von mentalen Bildern, Gefühlen und Gedanken und eröffnen uns eine Welt voller Möglichkeiten. Während unseres Schlafzyklus spiegeln sie komplexe Gehirnaktivitäten wider und sind somit ein natürlicher Bestandteil unserer Schlafphasen. Jeder große Traum beginnt mit einem Träumer.

Träume sind das, was wir zu erreichen, zu fühlen und zu werden hoffen. Dennoch fehlt es den Träumen an Klarheit und Bestimmtheit. Sie sind das „Was" und das „Warum" unserer Wünsche, übersehen aber oft das „Wie" und das „Wenn". Hier kommen die Ziele ins Spiel, die das Unfassbare in etwas REALES verwandeln.

Was ist denn überhaupt ein Ziel? Während Träume wie die Sterne am Nachthimmel an uns vorüberziehen, können Ziele als Leiter in die Realität betrachtet werden, die wir benötigen, um unsere Träume zu erreichen. Ein Ziel ist eine selbst gesetzte, spezifische, objektive Etappe, die Klarheit, Präzision und einen Zeitrahmen für die Erreichung beinhaltet. Im Gegensatz zu Träumen sind Ziele umsetzbare Schritte, die du durch definierte Maßnahmen und Fristen realistisch erreichen kannst. Sie sind mit einem Plan verbunden, einer Reihe von Anweisungen, die dich von dem Punkt, an dem du dich gerade befindest, zu dem Punkt führen, den du real erreichen möchtest.

Ziele treiben uns zum Erfolg, indem sie unsere Träume in erreichbare Meilensteine zerlegen.

Wenn wir ihre Bedeutung und Symbolik verstehen, können wir tiefer in unser Unterbewusstsein eintauchen und verborgene

Wünsche, Ängste oder Konflikte aufdecken. Träume können uns wertvolle Einsichten vermitteln und uns helfen, uns selbst besser zu verstehen. Ihre Symbolik kann individuell sein, jedoch gibt es auch Symbole, die in vielen Kulturen ähnliche Bedeutungen haben. Durch die Analyse unserer Träume können wir manchmal versteckte Botschaften erkennen oder Hinweise auf persönliches Wachstum und Entwicklung finden.

Es gibt verschiedene Theorien und Forschungsergebnisse, die sich mit der Funktion von Träumen beschäftigen. Eine besonders bekannte Theorie stammt von Sigmund Freud, dem Begründer der Psychoanalyse. Er war davon überzeugt, dass Träume unsere unbewussten Wünsche und Konflikte widerspiegeln. Andere Theorien betonen die kognitive Verarbeitung von Informationen oder die Festigung von Gedächtnisinhalten während des Schlafs.

Zwischen Träumen und unbewussten Wünschen besteht ein enger Zusammenhang. Träume drücken oft Wünsche aus, die im Wachzustand unterdrückt oder nicht vollständig erfüllt werden können. Sie können uns eine Flucht aus dem Alltag bieten und uns die Möglichkeit geben, unsere tiefsten Sehnsüchte auszuleben. Manchmal können Träume auch zukünftige Situationen oder Ereignisse zeigen, die später Realität werden.

Mit unserem Bewusstsein führen wir Gedanken und Handlungen bewusst durch, das heißt, wir wissen dann im Augenblick des Geschehens genau, was wir denken oder tun.

Im Gegensatz dazu übernimmt das Unterbewusstsein die unbewussten Handlungen und Gedanken sowie die Steuerung unserer lebensnotwendigen Körperfunktionen, wie zum Beispiel das Atmen oder die Verdauung.

In unserer heutigen modernen Welt des Computerzeitalters bietet sich der Vergleich unseres Unterbewusstseins mit einer Datenbank geradezu an. Es beinhaltet einen enormen Wissensspeicher, der Informationen aus allen unseren Lebensbereichen kontinuierlich vom Zeitpunkt unserer Geburt an aufzeichnet.

Aber nicht nur Automatisierungsprozesse aus dem motorischen Bereich werden hier abgespeichert (zum Beispiel Schwimmen, Treppensteigen und das Autofahren), sondern auch negative Gefühle wie Angst in den damit erlebten Situationen und auch positive Gefühle, wie zum Beispiel Freude beim Anblick eines geliebten Menschen oder Tieres. Alle unsere Erfahrungen und Eindrücke werden ständig in den Speicher Unterbewusstsein aufgenommen.

Was aber nützen uns all diese unzähligen Informationen, wenn wir sie nicht abrufen? Und wie gelingt es uns vielleicht doch, diese Informationen nutzbar zu machen?

Nun, im Grunde ist das Abrufen der Informationen gar nicht so schwer. Erinnerung heißt der Zugangscode. Und einige Fälle der Erinnerung sind uns wohl sowieso aus dem Alltag bekannt und geläufig. So kann beispielsweise ein bestimmter Geruch Erinnerungen in uns auslösen oder auch eine bestimmte Situation. Auch ein Lieblingssong oder ein bestimmter Geschmack kann dazu führen, dass das Unterbewusstsein seine Informationen dazu wieder preisgibt.

Ab heute wollen wir es aber nicht mehr unserem Unterbewusstsein überlassen, wann und zu welcher Zeit es uns mit gespeicherten Informationen versorgt. Wir wollen da ein Wörtchen mitreden und die enorme Kapazität unseres Wissensspeichers bewusst nutzen und benutzen, um ab sofort all unsere Wünsche und Träume in unserem Leben zu erfüllen.

Um zu erfahren, wie wir jederzeit auf die Macht unseres Unterbewusstseins zugreifen können, müssen wir uns erst einmal mit den Kriterien beschäftigen, nach denen unser Unterbewusstsein funktioniert. Erst wenn wir seine Funktionsweise begriffen haben, können wir das Ausmaß der Macht erkennen, die wir künftig zur Verwirklichung all unserer Wünsche und Träume zur Verfügung haben werden.

Eine Macht, die sich erwiesenermaßen auf die Lebensbereiche Willensstärke, Denkprozesse, mentale Leistungsfähigkeit und sogar auf unser körperliches Wohlbefinden auswirkt. Die wissenschaftliche Erforschung der Kraft und Macht des Unterbewusstseins steht immer noch am Anfang, jedoch wird das Vorhandensein wissenschaftlich nicht bestritten. Diese Tatsache ist sehr wichtig, denn alle Dinge und Erscheinungen, die wir nicht erklären können, bereiten uns immer noch ein gewisses Unbehagen. Und dieses Gefühl rührt in den meisten Fällen von unserer Unkenntnis her. Wenn wir erst einmal verstanden haben, wie unser Unterbewusstsein funktioniert, werden wir auch den Schlüssel zu innerer Sicherheit, Stärke und Kraft erhalten. Und wir werden sodann auf das gesamte Potenzial unseres Unterbewusstseins zugreifen und es für unsere persönlichen Ziele und Zwecke einsetzen können.

Wie genau funktioniert unser Unterbewusstsein? Das Unterbewusstsein umfasst all unsere Gedanken, Gefühle und Erfahrungen, die nicht in unserem aktuellen Bewusstsein präsent sind. Es macht den größten Teil unserer Psyche aus und beeinflusst maßgeblich unser Verhalten.

Um das Unterbewusste besser zu verstehen, ist eine bewusste Auseinandersetzung mit uns selbst durch Selbstreflexion wichtig. Nur so können wir verborgene Glaubenssätze und Verhaltensmuster erkennen und positiv verändern.

Träume sind mehr als nur Zufallsprodukte unserer Fantasie. Tatsächlich können sie uns wertvolle Hinweise auf unser Unterbewusstsein geben und sogar unser tägliches Leben beeinflussen. Träume sind Manifestationen unseres Unterbewusstseins und können tiefe Bedeutungen haben. Sie dienen als Kommunikationsmittel, um uns auf Aspekte unseres eigenen Selbst hinzuweisen, die wir im Wachzustand möglicherweise übersehen.

Demzufolge haben unsere Träume auch einen direkten Einfluss auf unser tägliches Leben. Indem wir unsere Träume verstehen und interpretieren, können wir Einsichten gewinnen, die uns helfen, uns selbst besser zu verstehen und uns weiterzuentwickeln.

Träume bringen verdrängte Wünsche, Ängste und Konflikte ans Licht. Durch die Analyse und Deutung unserer Träume können wir mehr über uns selbst lernen.

Jeder Traum hat eine persönliche Bedeutung. Das Erkennen von Mustern und Symbolik kann uns helfen, mit Herausforderungen im Alltag besser umzugehen und an unseren Zielen zu arbeiten.

Oftmals spiegeln sich Themen aus unserem Alltagsleben in unseren Träumen wider. So können beispielsweise Verfolgungsträume auf Ängste hindeuten, die wir im Wachleben verdrängen.

Umgekehrt können Träume uns aber auch den Anstoß geben, etwas in unserem Leben zu verändern. Ihre Botschaften können uns Motivation und Kraft geben.

Das Unterbewusste ist ein Teil des Geistes, der nicht am konzentrierten Gewahrsein beteiligt ist. Es ist ein unendliches Reservoir vergessener oder gespeicherter Informationen über Erinnerungen. Das Unterbewusstsein denkt oder folgert nicht selbstständig, sondern folgt immer den Anweisungen des Bewusstseins. Dein Unterbewusstsein ist und bleibt dein bester Berater.

Die moderne Psychologie hat viel zum Verständnis des Unterbewusstseins beigetragen. Heute weiß man, dass ein Großteil unseres Verhaltens unterbewusst gesteuert wird. Es ist das Wertvollste, was wir besitzen. Allein schon deshalb, weil dort dein ganzes Leben abgespeichert wird. Alles, was du irgendwann einmal gesehen, gehört, gefühlt und erlebt hast, angefangen von der Geburt bis heute, wird dort in Millionen von Dateien abgespeichert und täglich kommen neue Datensätze dazu. Alle diese Dateien sind miteinander verbunden und arbeiten exakt wie ein Uhrwerk zusammen.

Noch unglaublicher erscheint allerdings die Tatsache, dass die dort gespeicherten Informationen nicht erst bei unserer Geburt beginnen, sondern in weiter zurückliegende Vergangenheiten reichen. Jeder von uns findet in seinem Innersten Zugang zu sämtlichen Erfahrungen und Erkenntnissen unserer Vorfahren. Unser Leben fing bei der Geburt nicht wieder beim Steinzeitmenschen an. Wir alle wurden von Anfang an als „moderne Menschen" geboren. Die Gene unserer Vorfahren haben sich weitervererbt. Auf diese Weise hat das Unterbewusstsein Zugang zu allen vergangenen Welten, zum Universum und zu allem Anfang. Es kennt Wege zu Informationen, die uns völlig unbekannt sind.

Aber Vorsicht: Unser Unterbewusstsein funktioniert wie ein Aufnahmegerät. Es speichert alle Eindrücke, die wir in unserem Leben und aus der Zeit davor in uns aufgesogen haben – die guten wie die schlechten. Und dazu gehören natürlich auch die negativen Kommentare, die wir über uns selbst gehört und geglaubt haben. Meistens vergessen wir, wie stark uns die Gedanken oder Worte eines anderen Menschen beeinflusst haben, besonders die der Eltern, von Lehrern oder von anderen Autoritätspersonen oder Institutionen.

Doch das Unterbewusstsein speichert nicht nur diese negativen Eindrücke, sondern spult diese Aufnahmen aus der Vergangenheit immer wieder ab. Wie ein Perpetuum mobile. Und es erfordert harte Arbeit, diese Informationen wieder zu löschen. Dazu kann es dann sogar erforderlich sein, dass wir unser Unterbewusstsein mit positiven Botschaften umprogrammieren müssen.

Durch Bewusstmachung all dieser Informationen – der negativen wie der positiven – können wir unser Denken und Handeln selbst steuern und unsere Träume für die persönliche Entwicklung nutzen.

Die Traumdeutung kann uns helfen, verborgene Seiten unserer Persönlichkeit kennenzulernen. Durch das Führen eines Traumtagebuchs und die Analyse der eigenen Träume erhalten wir einen Einblick in unsere Psyche.

Als Traumarbeit bezeichnet man die aktive Auseinandersetzung mit unseren Träumen. Durch das Aufzeichnen und Analysieren unserer Träume können wir Muster und Themen erkennen, die unser Unterbewusstsein beschäftigen. Diese Erkenntnisse ermöglichen es uns, bewusster Entscheidungen zu treffen und unser Leben bewusster zu gestalten.

So können wir mehr über unsere Bedürfnisse und inneren Konflikte erfahren und besser verstehen, was uns im Leben wirklich wichtig ist.

Aber Achtung: Nur du bist der einzige Mensch auf Erden, der wirklich alle deine Träume kennt. Du allein kennst deine Wünsche und Ziele mit all deinen Gefühlen, all deinen Ängsten und Sorgen. Niemand sollte sich erlauben, sich eine Meinung oder ein Urteil über dich oder dein Leben zu bilden. Ohne genaue Kenntnis all dieser Informationen ist eine Urteilsbildung einfach nicht möglich.

Die Auseinandersetzung mit den Botschaften unseres Unterbewusstseins ist ein überaus spannender Weg zu mehr Selbsterkenntnis und persönlichem Wachstum.

Du allein kannst die in dir schlummernden Anlagen erkennen und lernen, damit besser umzugehen. Du wirst auf diese Weise immer wieder mehr und mehr Zugang zur Allmacht bekommen.

Dieser Zugang zur Allmacht liegt seit Urzeiten in uns und von früheren Kulturen wissen wir, dass sie in der Lage waren, auf diese Allmacht zuzugreifen. Doch darauf komme ich später noch zurück.

Was passiert eigentlich, wenn wir träumen? Träume sind sensomotorisch, da sowohl sensorische als auch motorische Funktionen oder Nervenbahnen im Gehirn daran beteiligt sind. Sie lassen sich häufig einem aktuellen Narrativ des Wachzustandes zuordnen. Manchmal lassen sie uns auf Themen oder Aufgaben stoßen, die wir uns mal genauer ansehen sollten. Der Traumzustand greift dann auf das verdrängte Unbewusste zu und entwickelt sich zu einer Art Ventil für mögliche schmerzhafte unbewusste Erinnerungen oder Leid, das wir erlebt haben. Wichtig dabei ist vor allem die Erkenntnis, dass das Unterbewusstsein zwar vergisst, aber nicht blockiert, denn der geistige Blockademechanismus sitzt im Unbewussten. Dies wiederum ermöglicht die heilsame Wirkung unserer Träume. So glaubte der berühmte Schweizer Psychiater Carl Gustav Jung, dass unsere Träume vor allem der Integration unseres bewussten und unbewussten Lebens dienen.

Träume lösen Spannungen in Form von Geschichten, die uns das Gehirn im Schlaf erzählt. In diesen Geschichten finden wir eine Sammlung von Erinnerungen, Gefühlen, Symbolen und Bildern, wie sie vor allem in den bis zu sieben REM-Phasen (rapid eye movement) des Schlafes auftauchen. Üblicherweise dauert ein Traum zwischen drei Sekunden und 30 Minuten. In diesen Phasen ist das Gehirn sehr aktiv und es kommt zu schnellen Augenbewegungen. Während wir träumen, durchläuft unser Gehirn verschiedene Stadien, die für die Entstehung und den Verlauf von Träumen wichtig sind.

Wissenschaftler haben herausgefunden, dass während der REM-Phasen bestimmte Bereiche des Gehirns, wie der präfrontale Kortex und der limbische Kortex, aktiv sind. Diese Hirnregionen sind mit der Verarbeitung von Emotionen, der Gedächtnisbildung und der Kreativität verbunden, was darauf hindeutet, dass Träume wichtige Funktionen bei der Informationsverarbeitung und der kognitiven Entwicklung haben.

Verschiedene wissenschaftliche Ansätze und Erklärungen versuchen, die Mechanismen, die Träume wahr werden lassen, zu erfassen und zu erklären.

Ein interessanter Ansatz ist die Idee des nichtlokalen Bewusstseins. Dabei geht es um die Idee, dass das Bewusstsein nicht auf den physischen Körper beschränkt ist und die Fähigkeit besitzt, Informationen aus der Zukunft oder von anderen Orten zu empfangen. Einige Studien haben gezeigt, dass Menschen intuitiv Informationen über zukünftige Ereignisse wahrnehmen können, auch wenn sie sich dessen nicht bewusst sind. Diese intuitiven Eindrücke können sich dann in Träumen manifestieren.

Eine weitere aufschlussreiche Perspektive stammt von Carl Gustav Jung und seiner Theorie des kollektiven Unbewussten. Jung glaubte, dass Träume auf universelle Symbole und Archetypen zurückgeführt werden können, die von der gesamten

Menschheit geteilt werden. Archetypen wie Schatten oder Anima/Animus repräsentieren grundlegende psychische Muster und können auch Informationen über vergangene, gegenwärtige oder zukünftige Ereignisse enthalten. Das kollektive Unbewusste wird als eine Art kollektives Gedächtnis betrachtet, das auf verborgene Weise auf das individuelle Bewusstsein zugreifen kann.

Das Träumen manifestiert sich in den tieferen Bewusstseinsebenen und kann unsere tiefere Spiritualität aktivieren, sodass wir über die Traumphasen höhere Stufen unseres Gewahrseins erklimmen können. Indem unsere Träume diese Verbindung herstellen, eröffnen sie uns unbewusst und unterbewusst größere übernatürliche Möglichkeiten. So manches Wunder entsteht im Traumzustand.

Es gibt verschiedene Arten von Träumen. Einige davon werden als präkognitive, prophetische oder hellseherische Träume bezeichnet. Manche Menschen berichten von „hellseherischen" Träumen, in denen sie Ereignisse oder Situationen erleben, die später tatsächlich eintreten. Diese Art von Träumen hat das Interesse von Forschern und Experten geweckt, die versuchen, dieses Phänomen besser zu verstehen.

Sie geben Einblicke in die Zukunft, indem sie Informationen über zukünftige Ereignisse liefern, die zum Zeitpunkt des Traums noch nicht bekannt waren.

Menschen, die diese Art von Träumen schon mal erlebt haben, berichten häufig von intuitiven Eindrücken, Vorahnungen oder Bildern, die im Traum auftauchen und sich später in der Realität bewahrheiten. Diese Träume können einen unterschiedlichen Grad an Klarheit und Genauigkeit aufweisen. Einige enthalten konkrete Details über zukünftige Ereignisse, während andere eher vage oder symbolische Hinweise geben.

Die Unterscheidung zwischen präkognitiven und gewöhnlichen Träumen kann schwierig sein, da sie sich oft erst im Nachhinein als vorhergesagte Ereignisse verwirklichen. Erst wenn das Ereignis tatsächlich eintritt, wird uns bewusst, dass wir es bereits geträumt haben.

Die Existenz und die Natur der Präkognition sind Gegenstand wissenschaftlicher Debatten und Untersuchungen. Es gibt verschiedene Theorien und Ansätze, die versuchen, dieses Phänomen zu erklären, von der Betonung des Unterbewusstseins bis hin zu Ideen über die Verbindung des menschlichen Geistes mit einer größeren universellen Energie. Einige von ihnen vertreten die Ansicht, dass sich die Fähigkeit zur Vorhersehung sogar trainieren lässt. Das bezieht sich auf die Fähigkeit, zukünftige Ereignisse oder Informationen intuitiv oder durch Träume wahrzunehmen, bevor sie eintreten. Diese Träume können spezifische Details oder allgemeine Eindrücke zukünftiger Ereignisse enthalten.

Prophetische Träume sind Träume, die als göttliche Offenbarungen oder spirituelle Botschaften interpretiert werden. In religiösen und spirituellen Kontexten werden sie als Kommunikation mit einer höheren Macht, sei es Gott, Geister oder das Unterbewusstsein, betrachtet. Diese Träume können spirituelle Einsichten, Warnungen oder Anweisungen für das individuelle oder kollektive Wohl enthalten.

Prophetische Träume beziehen sich auf verschiedene Aspekte des Lebens, wie persönliche Entscheidungen, gesellschaftliche Ereignisse oder globale Entwicklungen. Sie können auch unser inneres Wissen und unsere Intuition widerspiegeln. Oft enthalten sie Symbole oder Metaphern, die auf bevorstehende Entscheidungen oder Lebensereignisse hinweisen.

Ein bekanntes Beispiel für prophetische Träume findet sich in der biblischen Erzählung von Joseph, der in seinen Träumen die kommende Hungersnot voraussah. Eine wichtige Rolle spielen Träume im Islam, wo sie als mögliche Quelle göttlicher Offenbarungen angesehen werden. Gläubige Muslime nehmen Träume oft ernst und suchen in ihnen nach Bedeutungen und Anweisungen.

Nicht jeder Traum sollte als prophetisch angesehen werden, und nicht alle Informationen in solchen Träumen sollten wörtlich genommen werden. Dennoch bleiben prophetische Träume eine faszinierende Facette menschlicher Erfahrung und geben uns Einblick in die geheimnisvolle Verbindung zwischen Traum und Spiritualität.

Prophetische Träume haben oft einen religiösen oder spirituellen Hintergrund und werden als Botschaften einer höheren Macht verstanden. In diese Träume sind oft religiöse und dogmatische Symbole eingebettet, die in der entsprechenden Kultur von Bedeutung sind.

Hellseherische Träume sind Träume, die eine Art übernatürlicher Wahrnehmung oder Vorhersage beinhalten. In solchen Träumen können Menschen Informationen über Orte, Ereignisse oder Situationen erhalten, die sie mit ihren normalen fünf Sinnen nicht wahrnehmen könnten. Diese Träume gelten als außersinnliche Form der Wahrnehmung, da sie die Grenzen unserer gewöhnlichen Sinneskanäle überschreiten.

Der Begriff „Hellsichtigkeit" (auch als Hellsehen bekannt) bezieht sich gewöhnlich auf die Fähigkeit, übernatürliches Wissen über Ereignisse oder Informationen zu erlangen, die außerhalb der normalen Sinneswahrnehmung liegen. Hellseherische Träume werden oft mit der Vorstellung assoziiert, dass sie übernatürliche oder paranormale Kräfte widerspiegeln. Manche halten sie für ein Zeichen außergewöhnlicher Begabung, während andere davon ausgehen, dass man Hellsehen lernen kann.

Menschen, die hellseherische Träume haben, berichten häufig von intensiven und lebhaften Erfahrungen, in denen sie eine Art „inneres Wissen" über zukünftige Ereignisse oder verborgene Aspekte der Wirklichkeit zu haben scheinen. In solchen Träumen können sie beispielsweise detaillierte Beschreibungen eines Ortes geben, den sie noch nie besucht haben, oder Informationen über ein Ereignis erhalten, das erst in der Zukunft stattfinden wird.

Hellseherische Träume können sich auf Informationen über vergangene, gegenwärtige oder zukünftige Ereignisse beziehen. Im Gegensatz zu präkognitiven Träumen, die sich meist auf die Vorhersage zukünftiger Ereignisse konzentrieren, können hellsichtige Träume auch Einblicke in Vergangenes oder Gegenwärtiges geben.

Wenn Träume wirklich wahr werden

Manchmal erlebt jeder von uns Träume, die sich später in der Realität manifestieren. Das kann aufregend, aber auch verwirrend sein. Wenn du dich in einer solchen Situation befindest und wissen möchtest, wie du mit Träumen umgehen sollst, die wirklich wahr werden, können dir die folgenden Tipps helfen:

Lege dir ein Traumtagebuch an und schreibe deine Träume so detailliert wie möglich auf. Das Aufschreiben hilft dir, sie besser zu verstehen und mögliche Verbindungen zur Wirklichkeit herzustellen. Wenn du deine Träume regelmäßig dokumentierst, kannst du auch Muster erkennen und Verbindungen zwischen ihnen und den realen Ereignissen finden.

Wenn bestimmte Symbole, Personen oder Situationen immer wieder in deinen Träumen auftauchen und sich später in der Wirklichkeit manifestieren, lohnt es sich, diesen Elementen besondere Aufmerksamkeit zu schenken. Notiere sie in deinem Traumtagebuch und versuche, ihre Bedeutung zu verstehen. Vielleicht enthalten sie eine Botschaft oder eine Warnung für dich.

Manchmal geben uns Träume, die wahr werden, ein intuitives Gefühl. Wenn du das Gefühl hast, dass ein bestimmter Traum etwas Wichtiges oder Bedeutsames enthält, vertraue deiner Intuition. Höre auf deine innere Stimme und setze dein Bauchgefühl ein, um die mögliche Bedeutung des Traumes zu erfassen und angemessen darauf zu reagieren.

Träume, die wahr werden, können uns wertvolle Einblicke in unser Inneres geben. Sie können tiefe Emotionen, ungelöste Konflikte oder unentdeckte Potenziale aufdecken. Nutze diese Träume als Anlass für Selbstreflexion und persönliche Entwicklung. Frage dich, welche Botschaften sie dir über dich und deine Lebenssituation vermitteln können.

Es kann hilfreich sein, sich mit anderen Menschen auszutauschen, die ähnliche Erfahrungen gemacht haben. Suche nach Gleichgesinnten, zum Beispiel in Onlineforen oder in lokalen Gruppen. Der Austausch mit anderen kann nicht nur beruhigend sein, sondern auch neue Perspektiven und Einsichten eröffnen. Ja, Träume können in gewisser Weise wahr werden. Es gibt wissenschaftliche Erklärungen für bestimmte Phänomene in Bezug auf Träume und deren mögliche Erfüllung. Die Wissenschaft kann helfen, indem sie das Verständnis über die eigenen Träume und die Erfüllung dieser fördert. Gleichzeitig erforscht sie auch die Möglichkeiten von Klarträumen, bei denen man bewusst in den Traum eingreifen kann, um die Wahrscheinlichkeit zu erhöhen, dass Träume tatsächlich wahr werden.

Das Vergessen von Träumen ist ein häufiges Phänomen. Dies liegt daran, dass der Übergang vom Schlaf- zum Wachzustand oft abrupt erfolgt, wodurch die Erinnerungen an Träume schnell verblassen. Träume werden hauptsächlich im limbischen System des Gehirns gebildet, das für die Speicherung von Emotionen zuständig ist. Wenn wir aufwachen und unser Bewusstsein auf den Wachzustand umschaltet, werden die Erinnerungen an Träume oft nicht ins Langzeitgedächtnis übertragen und gehen verloren.

Albträume können sehr belastend sein und zu Stress, Angst und Schlafstörungen führen. In manchen Fällen können wiederkehrende Albträume ein Anzeichen für psychische oder emotionale Probleme sein und müssen ernst genommen werden. Es ist wichtig, professionelle Hilfe in Anspruch zu nehmen, wenn

Albträume das normale Leben beeinträchtigen oder wenn traumatische Erlebnisse wiederholt auftreten.

Wahrträume können subjektiv sehr real wirken, da sie häufig intensive emotionale Erfahrungen vermitteln können. Dabei spiegeln sie oft unsere tiefsten Ängste wider oder die Wünsche und Ziele, die wir bisher vergeblich zu erreichen versuchen.

Die Wissenschaft kann bis heute noch nicht erklären, welche Faktoren eine Rolle spielen, um unsere Träume wahr werden zu lassen. Weitere Forschungen müssen durchgeführt werden, um die Mechanismen hinter unserem Schlafrhythmus und unseren Träumen vollständig zu verstehen.

Von Wahrträumen spricht man, wenn der Trauminhalt in direktem Zusammenhang mit realen Ereignissen steht. Tatsächlich kommen Träume dieser Art sehr häufig vor und können für die träumende Person manchmal als bizarr oder gar verwirrend erscheinen, vor allem dann, wenn reale Erlebnisse mit Traumszenen vermischt sind.

Wenn uns Dinge im wahren Leben sehr beschäftigen, drehen sich unsere Gedanken meist nur noch um diese Herausforderungen oder Angelegenheiten. Unabhängig davon müssen wir uns im Alltag – ganz gleich, ob im Beruf oder im Privatleben – natürlich auch mit vielen anderen Dingen auseinandersetzen. Unser Unterbewusstsein arbeitet weiterhin an dem Thema, welches wir vorläufig aus unserem Bewusstsein verdrängt haben, um unsere Alltagspflichten erfüllen zu können. Wenn wir schlafen und träumen, können wir nicht bewusst steuern, womit sich unser Gehirn gerade beschäftigt. So erscheinen uns oftmals diese Bilder und Erlebnisse noch einmal genau so, wie wir sie bereits erlebt haben.

Dies sind häufig Situationen, die uns emotional sehr aufgewühlt oder gar getroffen haben, in denen wir glücklich waren, Spaß hatten oder die wir mit eher traurigen und tief berührenden Gefühlen verbinden. Auch erschreckende Momente unseres Alltags können sich im Traumsymbol „Wachträume" erneut zeigen und uns wieder in die gleiche beängstigende Gefühlslage versetzen – wenn auch nur im Traum.

In der allgemeinen Traumdeutung kann das Traumsymbol „Wachträume" auch im Einzelfall eine Aufforderung an die träumende Person sein, die bereits real erlebte Situation noch einmal gedanklich genau durchzugehen. Wurde etwas gesagt, was vielleicht bedeutsamer sein könnte, als man es in dem Moment aufgenommen hat? Oder benahm sich eine Person vollkommen anders als in der Wirklichkeit?

Dies kann ein Hinweis darauf sein, dass wir möglicherweise unbewusst etwas an diesem Menschen wahrgenommen haben, was uns nicht stimmig erschien. Das kann eine falsch empfundene Freundlichkeit sein, ein merkwürdiger Blick oder gar nur eine eher abgewandte Haltung. Denke noch einmal zurück und versuche, dich zu erinnern. Gab es an dieser Traumsituation etwas, was dir verkehrt erschien, und warum könnte dies so gewesen sein?

Das Traumbild „Wahrträume" stellt in der psychologischen Traumdeutung immer einen Verarbeitungsprozess auf unbewusster Ebene dar. Ein Geschehen wird im Traum noch einmal durchlebt. Man verspürt dabei oftmals noch beim Erwachen Gefühle, wie man sie schon in der realen Situation durchlebt hat.

Häufig durchleben wir dann das Geschehene aus der Perspektive einer anderen Person. Man sieht sich also selbst in der Handlung und erlebt sich dabei als Zuschauer seiner eigenen Geschichte. Dies kann darauf hinweisen, dass der Träumende ein großes Problem damit hat, wie er im Außen auf andere Menschen wirken könnte.

Möglicherweise stellt man sich auch viele Fragen. War man passend gekleidet oder saß die Hose vielleicht doch zu eng? Hat man nicht vielleicht zu laut gelacht, etwas Falsches gesagt oder ist man sonst irgendwie unangenehm aufgefallen? Der Traum kann dem

Träumenden sogar seine Unsicherheit verdeutlichen und ihn in diesem Zusammenhang ermutigen, selbstbewusster zu werden und sich so zu akzeptieren, wie er ist.

Wahrträume ergeben sich für den Träumenden jedoch ausschließlich über den individuellen Zusammenhang mit der Realität. Nur der Träumende selbst wird erkennen, ob das, was er gerade geträumt hat, eine Spiegelung eines Erlebnisses aus dem Wachbewusstsein darstellt. Jedoch gibt es auch hier große Unterschiede.

Egal, welche Situation du in einem solchen Wahrtraum auch immer erlebt hast, er weist dich darauf hin, dass diese Situation eine möglicherweise größere Bedeutung für dich hat, als du dies vielleicht gedacht hast.

Folge den Bildern deiner Träume! Sie helfen deinem Unterbewusstsein dabei, bereits Erlebtes zu verarbeiten und bieten – je nach Trauminhalt – auch noch einmal die Möglichkeit, besonders schöne Momente ein weiteres Mal erleben zu dürfen.

In der transzendenten Traumdeutung verkörpern Wahrträume intuitives Wissen. Der Träumende hat die Fähigkeit, Botschaften des Unterbewusstseins zu erkennen und sich aufgrund dieser Erkenntnisse spirituell weiterzuentwickeln.

„Was ich träume, hat, während ich es träume, für mich die gleiche Realität, als was ich wachend erlebe", notierte Arthur Schopenhauer während seiner Studentenzeit in sein Studienheft.

Ähnlich wie Schopenhauer beschrieb das Verhältnis von Traum und Wirklichkeit der altchinesische Philosoph Dschuang Dschou in seinem Gleichnis vom Traum eines Schmetterlings:

„Einst träumte Dschuang Dschou, dass er ein Schmetterling sei, ein flatternder Schmetterling, der sich wohl und glücklich fühlte und nichts wusste von Dschuang Dschou. Plötzlich wachte er auf: Da war er wieder wirklich und wahrhaftig Dschuang

Dschou. Nun weiß er nicht, ob Dschuang Dschou geträumt hat, dass er ein Schmetterling sei, oder ob der Schmetterling geträumt hat, dass er Dschuang Dschou sei, obwohl doch zwischen Dschuang Dschou und dem Schmetterling sicher ein Unterschied ist."

Somit stellt sich philosophisch die Frage nach dem Unterschied zwischen Traum und Wirklichkeit.

Schopenhauer gab hierauf diese Antwort:
„Das allein sichere Kriterium zur Unterscheidung des Traumes von der Wirklichkeit ist das ganz empirische des Erwachens, durch welches der Kausalzusammenhang zwischen den geträumten Begebenheiten des wachen Lebens fühlbar abgebrochen wird."

Schon seit seiner Studentenzeit versuchte Schopenhauer, das Verhältnis von Traum und Wirklichkeit philosophisch zu ergründen. Hierbei kam er zu der Erkenntnis, dass „der Traum eine nicht zu leugnende Ähnlichkeit mit dem Wahnsinn" habe:

„Was das träumende Bewusstsein vom wachen hauptsächlich unterscheidet, ist der Mangel an Gedächtnis, oder vielmehr an zusammenhängender, besonnener Rückerinnerung.

Wir träumen uns in wunderliche, ja unmögliche Lagen und Verhältnisse, ohne dass es uns einfiele, nach den Relationen derselben zum Abwesenden und den Ursachen ihres Eintritts zu forschen; wir vollziehen ungereimte Handlungen, weil wir des ihnen Entgegenstehenden nicht eingedenk sind.

Längst Verstorbene treten noch immer als Lebende in unseren Träumen auf; weil wir uns im Traume uns nicht darauf besinnen, dass sie längst tot sind. Oft sehen wir uns wieder in den Verhältnissen, die in unserer frühen Jugend bestanden, von den damaligen Personen umgeben, alles beim Alten; weil alle seitdem eingetretenen Veränderungen und Umgestaltungen vergessen sind.

Es scheint also wirklich, dass in einem Traum, bei der Tätigkeit aller Geisteskräfte, das Gedächtnis allein nicht recht disponibel ist. Hierauf eben beruht seine Ähnlichkeit mit dem Wahnsinn, welcher im Wesentlichen auf eine gewisse Zerrüttung des Erinnerungsvermögens zurückzuführen ist. Von diesem Gesichtspunkt aus lässt sich daher der Traum als „ein kurzer Wahnsinn, der Wahnsinn als ein langer Traum" bezeichnen.

Das führt zu der noch weitergehenden Frage: „Ist der Traum nur ein kurzer Wahnsinn oder ist vielmehr sogar das ganze Leben ein Traum?"

Schopenhauer hat diese Frage bejaht, denn „das Leben kann", so schrieb er, „angesehen werden als ein Traum, und der Tod als das Erwachen."

„Jeder wird", meinte Arthur Schopenhauer, „zur Genüge auch an der leidenden Tierheit sich überzeugen können, wie wesentlich alles Leben Leiden ist." Wenn das zutrifft – und es trifft leider oftmals in geradezu furchtbarem Ausmaße zu –, dann ist das Leben mehr als ein bloßer Traum, nämlich ein Albtraum. Wie tröstlich, dass es auch ein Erwachen gibt!

Sigmund Freud hat Träume den „Königsweg zum Unbewussten" genannt. In Träumen drückten sich für Freud unbewusste Triebe und Wünsche aus. Die Arbeit mit Träumen hat in der Psychoanalyse einen hohen Stellenwert, weil man sich von ihr die Therapie psychischer Erkrankungen verspricht: Indem man den unbewussten Konflikt in den Träumen findet und bewusstmacht, können psychische Probleme aufgelöst werden.

Eine Traumdeutung ist Freud zufolge zwingend erforderlich, weil sich die Inhalte im Traum nicht klar darstellen, da sie von einem Teil der Psyche zensiert und dadurch unkenntlich gemacht werden. Deshalb sind Träume oft so seltsam abstrakt. Sie müssen daher „entschlüsselt" werden – und so entstand der Gedanke der Traumdeutung.

Es ist wichtig zu verstehen, dass die Notwendigkeit zur Deutung von Träumen nicht aus den Träumen selbst hervorgeht, sondern aus einer speziellen Interpretation von dem, was Träume sein sollen: verschlüsselte Botschaften, die es zu entschlüsseln gilt – zum Beispiel durch Psychoanalyse. Freud erweckte damit eine uralte Überzeugung wieder zu neuem Leben, dass Träume nämlich einen tieferen Sinn haben.

Für Freud hatten praktisch alle Träume einen sexuellen Hintergrund und stammen aus der frühen Kindheit. In Träumen drücken sich Wünsche aus: Ich träume, was ich gerne hätte, aber nicht haben darf oder kann. Das Klischee, es ginge Freud immer nur um Sex, trifft also durchaus zu. In Träumen drücken sich nach Freud zum Beispiel Wünsche nach Exhibitionismus oder Sex mit einem Elternteil aus.

Die zeitgenössische Traumforschung, die vor allem durch neurowissenschaftliche Paradigmen und eine gewisse Skepsis gegenüber Freud geprägt wird, widerspricht der Traumdeutung Freuds in einigen zentralen Punkten.

Auf einer grundlegenden Ebene wird das Unbewusste anders aufgefasst als bei Freud: So wird beispielsweise argumentiert, dass das Unbewusste nicht primär verdrängte Wünsche enthält, sondern vor allem Automatismen – Handlungsroutinen, die früher oft bewusst waren und inzwischen am besten unbewusst ablaufen.

Alles, was wir beim Autofahren tun, ist so ein Automatismus. Es wäre schlicht überfordernd, bei jedem Schaltvorgang immer genau zu überlegen, wo genau der Schleifpunkt der Kupplung ist und wie ich vom zweiten in den dritten Gang schalte. Und in Gefahrensituationen stehen wir oft schon mit dem Fuß auf der Bremse, bevor unser bewusster Verstand gemerkt hat, dass wir wegen eines Hindernisses bremsen müssen.

Solche Automatismen entlasten unser Bewusstsein und schaffen Freiraum für andere Dinge – zum Beispiel können wir beim Autofahren dem Radio zuhören oder ein Gespräch mit der Mitfahrerin führen. Vor allem aber laufen diese Automatismen unbewusst viel schneller und genauer ab – sobald man zum Beispiel darauf achtet, wie man das Tippen auf einer Tastatur genau anstellt, macht man Tippfehler. Das Zehn-Finger-Schreiben läuft besonders dann reibungslos ab, wenn man „gar nicht drauf achtet".

In der modernen Traumforschung halten viele die Traumdeutung Sigmund Freuds – und allgemein die Vorstellung, dass es Traumsymbole gibt, also zum Beispiel Gegenstände, die für irgendetwas anderes stehen – heute für überholt.

Heutzutage geht man in der Traumforschung vom Primat der Gefühle aus. Denn tatsächlich ist es keineswegs so, dass es gewisse Erlebnisse gibt, von denen wir träumen und die dann mit entsprechenden Gefühlen einhergehen.

Genau das Gegenteil ist der Fall. Primär ist ein Gefühl da, und das Gehirn macht dazu eine passende Szenerie. Es geht also nicht um ein Verfolgt-Werden durch ein wie auch immer geartetes Monster, sondern um unser Grundgefühl der Angst – und das Gehirn baut sich dazu eine passende Szene. Ob dies nun eine angsteinflößende Verfolgungsjagd ist oder ein Flugzeugabsturz, ist völlig sekundär. So, wie die menschliche Erinnerung funktioniert, baut sich das Gehirn im Traum ein Gesamtbild aus visuellen, auditiven, haptischen, olfaktorischen und gustatorischen Elementen, das zum Gefühl passt.

Daraus folgt etwas Banales: Träume müssen nicht entschlüsselt werden, es gibt keine Symbole, die man aus dem Traum deuten kann, sondern die Bedeutung eines Traums liegt klar auf der Hand. Das Gefühl selbst ist die eigentliche Botschaft. In diesem Gefühl können wir erkennen, was uns tagsüber beschäftigt hat – und manchmal ist das durchaus eine neue Erkenntnis, da wir tagsüber nicht immer gut darin sind, Gefühle angemessen wahrzunehmen und richtig zu interpretieren.

Einen eigenen Traum zu deuten bedeutet in diesem Sinne, einen Zugang zum primären Gefühl des Traums zu gewinnen und dieses Gefühl als Informationsquelle zu nutzen. Nicht so aussagekräftig ist das, was man die „Handlung" eines Traums nennen könnte, nämlich Ort, Zeit, Personen und deren Verhalten.

Stefan Klein bringt dies in seinem populärwissenschaftlichen Buch „Träume" gut auf den Punkt: „Das schlafende Gehirn ähnelt einem gewieften Erzähler, der zu jedem Gefühlsthema auf Zuruf eine fantastische Geschichte hervorbringen kann."

So sind dann auch am Vortag einer Nacht nicht konkrete Erlebnisse (wie eine Matheprüfung) entscheidend für den kommenden Trauminhalt, sondern das damit verbundene Gefühl. Es könnte also sein, dass wir nicht von der Matheprüfung träumen, sondern vom Gefühl, etwas nicht zu schaffen und „durchzufallen" – und unser Gehirn baut dann zum Beispiel unsere Führerscheinprüfung oder eine andere Szene um dieses Gefühl herum.

Prägend für den Traum der kommenden Nacht ist vor allem die letzte Gefühlslage, mit der man zu Bett geht. Genauso beeinflusst natürlich auch die Stimmungslage im Traum die Stimmung des kommenden Tages – es ist also durchaus eine zutreffende Redensart, dass man „mit dem falschen Fuß" aufstehen kann.

Übrigens ist die Art der Emotionen, die wir im Traum erleben, durchaus ausgeglichen und keineswegs überwiegend negativ: Ca. 1/3 der Traumemotionen sind positiv, 1/3 negativ und 1/3 neutral.

Häufig träumen wir von Erlebnissen aus unserer Kindheit und Jugend. Dies hat den Hintergrund, dass wir hier besonders viele Erinnerungen bilden, da wir viele Dinge zum ersten Mal erleben und wichtige Prägungen stattfinden.

Die Forschungsergebnisse sprechen vom sogenannten „Erinnerungshügel" im Lebensalter von 10 bis 30 Jahren. Daher spiel diese Lebensspanne in unseren Träumen oft eine überdurchschnittliche Rolle. Es sind aber wie gesagt nicht diese Erlebnisse selbst, die uns beschäftigen, sondern es ist die Stimmungslage, zu der das Gehirn dann eine passende Szenerie findet – und das eben oft aus dem Material dieser biografischen Erinnerungen.

Unser Träumen ist so individuell wie unser Leben. Aus manchen Träumen erwachen wir mit Tränen in den Augen, aus anderen mit guter Laune und einem Lächeln. Einige beschäftigen uns noch eine Woche später und von vielen bekommen wir überhaupt nichts mit. Welche Rolle Träume für unser Leben spielen, mag bis heute nicht bis ins letzte Detail geklärt sein, doch weitreichende Einigkeit besteht darüber, dass wir im Traum behandeln und verarbeiten, was uns im Wachsein beschäftigt. Wir setzen uns damit auseinander, was wir erlebt haben, spielen durch und bereiten uns auf das vor, was uns bevorsteht, sortieren, worüber wir nachdenken und was wir fühlen.

Unser Gehirn befindet sich beim Schlafen in einem anderen Modus als im wachen Zustand, wenn wir träumen. Schon deshalb hinterlassen unsere Träume nicht in der gleichen Weise Eindrücke und Erinnerungen in unserem Bewusstsein wie Gedanken, Fantasien oder Erfahrungen, die wir im Wachsein konstruieren. Nur wenn wir während oder unmittelbar nach einem Traum aufwachen, haben wir eine Chance, die Vorgänge in unserem Kopf nachzuvollziehen, unsere Traumvorstellungen zu identifizieren, mit Begriffen zu versehen und sie in einen Zusammenhang zu setzen – und uns daran zu erinnern.

Untersuchungen zufolge erinnern sich erwachsene Menschen, die in einem kulturell westlichen Umfeld wie Europa, den USA oder Kanada leben, im Schnitt etwas seltener als einmal pro Woche an einen Traum. Während einige Personen ihre Träume nahezu nie rekonstruieren können, wissen andere fast jeden Morgen, was sie in der Nacht durchlebt haben, und erinnern sich oft sogar an mehrere Träume aus einer Nacht. Und das nicht, weil sie an

Schlafstörungen litten oder besonders unruhig schliefen, sondern im Rahmen ihres gesunden, ausgewogenen Schlafverhaltens.

Wie der Psychologe und Traumforscher Kelly Bulkeley in einem Artikel für „Psychology Today" ausführt, erinnern sich Frauen tendenziell häufiger als Männer an das, was sie geträumt haben, und jüngere Menschen häufiger als ältere. Wer eine positive Einstellung zum Träumen habe und sich dafür interessiere, erinnere sich ebenfalls öfter an die eigenen Träume.

Laut dem deutschen Traumforscher Michael Schredl könne sich außerdem Stress auf die Häufigkeit auswirken, mit der uns Träume im Gedächtnis bleiben – allerdings in unterschiedlicher Weise. „Bei manchen führt Stress im Wachleben dazu, dass sie sich weniger erinnern, weil dieser sofort beim Aufwachen präsent ist. Bei anderen Menschen führt der Stress zu intensiveren Träumen, die besser erinnert werden", sagte der Wissenschaftler dem Schweizer Magazin „Beobachter".

Ob wir uns öfter an unsere Träume erinnern als der Durchschnitt oder seltener, ob wir bei Stress häufiger mit Traumerinnerungen aufwachen oder nicht – laut Kelley Bulkeley sagt das in der Regel nichts über unsere Psyche oder über uns als Mensch aus. Wie in vielen Lebensfragen gebe es hier kein Richtig oder Falsch und kein Gut oder Schlecht. Wir sind, wie wir sind, und solange wir damit weder uns noch anderen Menschen schaden, ist mit uns alles in Ordnung. Auf der anderen Seite könnten wir unsere erinnerten Träume besser verstehen und gegebenenfalls für uns nutzen, wenn wir uns darüber im Klaren seien, wie es im Vergleich zum Durchschnitt um unser Traumgedächtnis bestellt ist.

So empfiehlt der Experte Personen, die sich häufig an ihre Träume erinnern, Technologien wie Traum-Apps, um ihre Träume auszuwerten und einen Sinn darin zu erkennen. Analytische, datenbasierte Methoden könnten dabei helfen, Muster oder wiederkehrende, bedeutsame Elemente sichtbar werden zu lassen, die uns in unserer subjektiven Wahrnehmung verborgen blieben.

Wenn wir hingegen nur selten einen Traum von uns mitbekommen und ihn nach dem Aufwachen noch wissen, könnten wir laut Kelley Bulkeley davon ausgehen, dass die erinnerten Träume für uns persönlich eine besondere Bedeutung haben. Dass sie auf Gefühle oder Erfahrungen hinweisen, die für uns wichtiger sind, als wir dachten, oder Ängste zum Ausdruck bringen, die uns bedrängen und womöglich einengen. In diesem Fall empfiehlt der Experte zur Auseinandersetzung eine individuelle und vielleicht kreative Herangehensweise: den Traum in einem Gedicht oder Bild darstellen, zum Beispiel, oder musisch. Eine technologische Auswertung, die auf riesigen Datensätzen und daraus gewonnenen Durchschnittswerten basiert, sei hier aus seiner Sicht ungeeignet.

Ob wir uns häufig, selten oder nie an unsere Träume erinnern, ob wir gerne träumen oder nicht: Meist hat das, was wir im Schlaf durchlebt haben, eine Bedeutung für uns, die wir in irgendeiner Weise kennen – ohne sie unbedingt in Worten erfassen zu können. Unsere Träume sind ein Beleg dafür, dass wir mehr sind, als wir wissen, und dass mehr in uns geschieht, als wir merken. Das wiederum ist eine Erkenntnis, die uns in vielen Situationen nützen kann. Insofern ist es unabhängig von unserem individuellen Traumgedächtnis beruhigend, wenn wir verstanden haben: Wir müssen uns nicht daran erinnern, was wir geträumt haben, um nicht zu vergessen, dass wir geträumt haben.

KAPITEL 5

Ändere dein Denken

DIE UNIVERSELLE KRAFT IST LIEBE

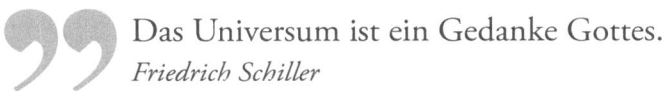 Das Universum ist ein Gedanke Gottes.
Friedrich Schiller

Das Gesetz der Anziehung ist ein beliebtes Konzept, das in den letzten Jahren große Aufmerksamkeit erlangt hat. Es basiert auf der Idee, dass unsere Gedanken und Gefühle die Kraft haben, unsere Wünsche und Ziele in die Realität umzusetzen. Das Gesetz der Anziehung wird oft mit dem Konzept der universellen Energie in Verbindung gebracht, von der angenommen wird, dass sie die Kraft ist, die alle Dinge im Universum verbindet. In diesem Abschnitt werden wir den Zusammenhang zwischen universeller Energie und dem Gesetz der Anziehung untersuchen und klären, wie sie zusammenarbeiten, um die Realität zu erschaffen, die wir erleben.

Universelle Energie ist die Kraft, die alle Dinge im Universum verbindet. Es ist die Energie, die alles durchfließt und uns alle miteinander verbindet. Es wird angenommen, dass universelle Energie die Quelle allen Lebens und die treibende Kraft hinter allem ist, was existiert. Um die Kraft des Gesetzes der Anziehung zu erschließen, ist es wichtig, die universelle Energie zu verstehen.

Das Gesetz der Anziehung basiert auf der Idee, dass unsere Gedanken und Gefühle die Kraft haben, unsere Wünsche und Ziele in die Realität umzusetzen. Es ist der Glaube, dass Gleiches Gleiches anzieht und das, worauf wir uns konzentrieren, sich ausdehnt. Das Gesetz der Anziehung ist ein mächtiges Werkzeug, mit dem wir das Leben erschaffen können, das wir uns wünschen.

Das Gesetz der Anziehung funktioniert durch die Nutzung universeller Energie. Jeder Gedanke überträgt eine Schwingung, die das Potenzial besitzt, die Geschehnisse unserer Realität zu beeinflussen. Denn unsere Gedanken und Emotionen erzeugen Schwingungsenergie, die ins Universum gesendet wird. Je mehr positive Energie wir aussenden, desto mehr positive Erfahrungen ziehen wir in unser Leben. Durch das Verständnis und die Ausrichtung auf die universelle Energie können wir die Kraft des Gesetzes der Anziehung nutzen, um das Leben zu erschaffen, das wir uns wünschen.

Fakt ist allerdings, dass sich auf diesem Wege nicht einfach Geldsorgen, Liebeskummer, Herausforderungen oder sonstige Probleme einfach wegdenken lassen, indem wir uns kraft unserer Gedanken aus all unseren Problemen heraus manifestieren. Das bedeutet aber nicht, dass das Gesetz der Anziehung nicht funktioniert. Es funktioniert allerdings ganz anders, als uns in zahlreichen Büchern, Coachings und Trainings vorgegaukelt wird.

Wenn sich ein energetisches Muster mit der identischen Energie einer Möglichkeit aus dem universalen Feld überlagert, kollabieren die Wellen und die Möglichkeit wird zur Wirklichkeit. Diese Möglichkeit ist aber nicht schon fix und fertig vorhanden. Das Leben selbst ist eine Gelegenheit, sich diese Möglichkeit zu erschaffen. Allein schon die Vorstellung, man müsse nur ein paar Gedanken ändern, um eine zunächst einmal abstrakte Möglichkeit in sein Leben zu ziehen, ist einfach absurd. Natürlich gibt es eine Unmenge an Möglichkeiten. Aber nicht für jeden und schon gar nicht zu einem beliebigen Zeitpunkt.

Die Ausrichtung auf die universelle Energie erfordert in einem ersten Schritt eine Änderung der Denkweise und sodann eine bewusste Anstrengung, sich auf positive Gedanken und Emotionen zu konzentrieren. Hier sind **einige Grundregeln**, die dazu verhelfen können, sich an der universellen Energie auszurichten:

- **Übe Dankbarkeit**: Dankbarkeit ist ein wirkungsvolles Werkzeug, das dabei helfen kann, deine Denkweise in eine positivere Perspektive zu lenken. Nimm dir jeden Tag Zeit, dich auf die Dinge zu konzentrieren, für die du dankbar bist.

- **Visualisiere deine Ziele**: Visualisierung ist eine wirkungsvolle Technik, die dabei helfen kann, Wünsche zu verwirklichen. Nimm dir jeden Tag ausreichend Zeit, um dir vorzustellen, wie das Leben aussehen kann, das du dir wünschst.

- **Achtsamkeit üben**: Achtsamkeit ist die Praxis, im Augenblick präsent zu sein. Sie kann dir dabei helfen, dir deine Gedanken und Gefühle bewusster zu machen und deinen Fokus auf den gegenwärtigen Moment zu richten.

- **Umgib dich mit positiver Energie**: Wenn du dich mit positiven Menschen und Dingen umgibst, kann dies dazu beitragen, deine Schwingung zu erhöhen und diese mit der universellen Energie in Einklang zu bringen.

Sich auf die universelle Energie auszurichten und das Gesetz der Anziehung zu nutzen, um das Leben zu erschaffen, das dir wirklich wünschst, bietet einige Vorteile:

- erhöhtes Glück und Erfüllung,
- verbesserte Beziehungen,
- erhöhter Überfluss und Wohlstand,
- erhöhte Kreativität und Produktivität sowie
- verbesserte körperliche und emotionale Gesundheit.

Das Gesetz der Anziehung und die universelle Energie sind zwei kraftvolle Konzepte, die zusammengehören und zusammenwirken, um die Realität zu erschaffen, die wir erleben. Indem wir uns auf die universelle Energie ausrichten und das Gesetz der Anziehung nutzen, um unsere Wünsche zu manifestieren, können wir das Leben erschaffen, das wir uns wünschen, und mehr Glück, Erfüllung und Fülle erfahren.

Das Konzept der universellen Energie ist ein oft missverstandenes Konzept und es gibt viele Missverständnisse darüber. Diese Missverständnisse können den Einzelnen daran hindern, die Kraft der universellen Energie in sich selbst vollständig zu entfalten

Eines der häufigsten Missverständnisse über universelle Energie ist, dass sie nur spirituellen Menschen oder solchen zugänglich ist, die tief mit ihrer Spiritualität verbunden sind. Die universelle Energie steht jedoch jedem zur Verfügung, unabhängig von seinem Glauben oder seinen Praktiken. Sie ist eine grundlegende Kraft, die in uns allen existiert und darauf wartet, genutzt zu werden. Wirklichkeit heißt ja nicht ohne Grund wirklich, weil sie wirkt, ganz gleich ob ich an sie glaube oder nicht.

Ein weiteres Missverständnis über universelle Energie ist, dass sie nur zu Heilungszwecken nützlich ist. Während universelle Energie sicherlich zur Heilung genutzt werden kann, gibt es auch viele andere Anwendungen. Sie kann verwendet werden, um die Kreativität anzukurbeln, die Intuition zu stärken und sogar die körperliche Leistungsfähigkeit zu verbessern.

Schließlich glauben einige Menschen, dass universelle Energie ein mystisches, unbewiesenes Konzept ist, das keine wissenschaftliche Grundlage hat. Allerdings gibt es immer mehr Forschungsergebnisse, die die Existenz universeller Energie und ihre potenziellen Vorteile belegen. Studien haben beispielsweise gezeigt, dass Praktiken wie Reiki, die universelle Energie nutzen, einen positiven Einfluss auf die körperliche und geistige Gesundheit haben können.

Universelle Energie ist ein Konzept, das es schon seit Jahrhunderten gibt. Es ist die Energie, von der angenommen wird, dass sie in allen Dingen im Universum vorhanden ist. Diese Energie wird auch als Prana, Chi oder Lebenskraft bezeichnet. Es ist die Energie, die alles zum Leben erweckt und die Grundlage aller Existenz ist. Das Konzept der universellen Energie ist nicht auf eine bestimmte Religion oder Kultur beschränkt. Es ist ein universelles Konzept, das von Menschen auf der ganzen Welt anerkannt wird.

Im Kern ist die universelle Energie die Energie, die alles im Universum durchfließt. Diese Energie gilt als die Quelle allen Lebens und als die Kraft, die das Universum zusammenhält. Es handelt sich um eine Energieform, die nicht an Zeit oder Raum gebunden ist und von der man annimmt, dass sie in ihrer Kraft und ihrem Potenzial unendlich ist.

Es gibt viele verschiedene Formen universeller Energie, jede mit ihren eigenen einzigartigen Eigenschaften und Charakteristika.

Zu den am häufigsten bekannten **Formen universeller Energie** gehören:

- **Prana:** Dies ist die Lebensenergie, die angeblich durch alle Lebewesen fließt. Es ist die Energie, die unseren Körper belebt und uns Vitalität und Kraft verleiht.

- **Chi:** Dies ist die Energie, die in der traditionellen chinesischen Medizin und den Kampfkünsten verwendet wird. Es wird angenommen, dass es auf bestimmten Wegen durch den Körper fließt und manipuliert werden kann, um Heilung und Gleichgewicht zu fördern.

- **Reiki:** Dies ist eine Form der Energieheilung, die ihren Ursprung in Japan hat. Dabei werden praktische Techniken eingesetzt, um universelle Energie in den Körper zu leiten und so die körperliche, emotionale und spirituelle Heilung zu fördern.

Eines der mächtigsten Dinge an der universellen Energie ist, dass sie für bestimmte Zwecke genutzt und gelenkt werden kann. Ganz gleich, ob Sie die Heilung fördern, Stress und Ängste abbauen oder sich einfach mit Ihrem inneren Selbst verbinden möchten, es gibt viele verschiedene Techniken, die Ihnen dabei helfen können, die Kraft der universellen Energie zu nutzen.

Zu den effektivsten **Techniken zur Nutzung der universellen Energie** gehören:

- **Meditation:** Dies ist eine der kraftvollsten Möglichkeiten, sich mit der universellen Energie zu verbinden. Indem Sie Ihren Geist zur Ruhe bringen und sich auf den gegenwärtigen Moment konzentrieren, können Sie sich für den Energiefluss öffnen, der Sie umgibt.

- **Yoga:** Diese alte Praxis kombiniert Körperhaltungen mit Atemarbeit und Meditation, um Körper und Geist ins Gleichgewicht zu bringen. Durch die Ausübung von Yoga können Sie die Kraft der universellen Energie nutzen und Heilung und Gleichgewicht fördern.

- **Energieheilung:** Dies kann viele verschiedene Formen annehmen, beinhaltet jedoch im Allgemeinen den Einsatz praktischer Techniken, um universelle Energie in den Körper zu leiten. Reiki, Akupunktur und Akupressur sind Beispiele für Energieheiltechniken, die zur Förderung von Heilung und Gleichgewicht eingesetzt werden können.

Es gibt viele verschiedene Vorteile, die Kraft der universellen Energie zu nutzen.

Zu den Vorteilen, über die am häufigsten berichtet wurde, gehören:

- Reduzierter Stress und Ängste: Durch die Förderung von Entspannung und Ausgeglichenheit kann diese dazu beitragen, Stress und Ängste zu reduzieren.

- Verbesserte körperliche Gesundheit: Universelle Energie kann zur Förderung der körperlichen Heilung und zur Linderung von Schmerzen und Entzündungen eingesetzt werden.

- Erhöhtes spirituelles Bewusstsein: Durch die Verbindung mit der universellen Energie kann man seine innere Weisheit nutzen und ein tieferes Verständnis für sich selbst und die Welt um sich herum erlangen.

Das „Gesetz der Anziehung" besagt im Kern, dass deine Gedanken deine Realität formen. Wenn du also an das denkst, was du willst, wirst du bekommen, was du willst. Und wenn du an das denkst, was du nicht willst, wirst du das bekommen, was du nicht willst, oder anders ausgedrückt: Positive Gedanken ziehen Positives und negative Gedanken ziehen Negatives an.

In populären Büchern über das Thema wie zum Beispiel „The Secret" von Rhonda Byrne oder „The Master Key System" von Charles F. Haanel wird erklärt, dass das Universum dir all deine Wünsche erfüllen wird, sobald du ihm nur die richtigen Gedanken schickst.

Aufgrund der in millionenfacher Auflage verbreiteten Erklärungen zum Gesetz der Anziehung führt der erste Kontakt mit dem Gesetz der Anziehung bei vielen Lesern zu der im Grunde zwar wünschenswerten, aber in der Realität nicht gegebenen Annahme, es manifestiere unsere Wünsche:

Wenn du dir etwas wünschst, solltest du es dir bildlich vorstellen, vollkommen in das Gefühl eintauchen und diesen Wunsch dann ans Universum schicken. Und das liebe Universum wird dann Wege finden, dir deinen Wunsch zu erfüllen.

Wenn du dir beispielsweise vorstellst, dass du reich und erfolgreich sein wirst, wird das Universum dafür sorgen, dass du reich und beruflich erfolgreich wirst. Wenn du dir vorstellst, wie du den perfekten Partner findest, wird das Universum dir den perfekten Partner schicken. Hört sich gut an, ist aber so nicht richtig.

Verfechter des Gesetzes der Anziehung beziehen sich oftmals auf Prominente – Sportler, Schauspieler und Sänger –, die angeblich dank der Magie des Universums erfolgreich geworden sind.

Es wird dann erklärt, dass diese Menschen ihren Erfolg „visualisiert" haben. Sie haben sich also bildlich ausgemalt, was sie erreichen wollen, und haben diese positiven Gedanken dann an das Universum geschickt. Aber was beweist das schon? Keiner wird jemals beweisen können, dass das „Visualisieren" allein wirklich zum Erfolg geführt hat. Wahrscheinlich ist es auch dir schon mal passiert, dass du auf Parkplatzsuche warst und in diesem Moment, in dem du dir einen Parkplatz gewünscht hast, plötzlich einer frei wurde.

Doch hast du nicht auch all die Male, die du nicht an einen Parkplatz gedacht hast, früher oder später auch einen gefunden? Laut dem Gesetz der Anziehung ist das Visualisieren unheimlich wichtig und ein Garant für Erfolg.

Und in manchen Fällen ist positives Visualisieren sicherlich hilfreich. Wenn ich zum Beispiel in einem Seminar sprechen soll, dann stelle ich mir vorher vor, dass mein Vortrag super wird und das Publikum mich toll findet. Diese Vorstellung entspannt mich und gibt mir Selbstvertrauen.

Doch das heißt noch lange nicht, dass Visualisieren immer sinnvoll ist oder automatisch zum Erfolg führt. Dir vorzustellen, wie du ein Ziel schon erreicht hast, führt nämlich dazu, dass du weniger motiviert bist, es auch wirklich zu verfolgen.

Psychologen gehen davon aus, dass unser Gehirn durch das Visualisieren glauben könnte, dass wir unser Ziel schon erreicht haben, und dadurch weniger motiviert sind, etwas dafür zu tun. Je mehr du dir also ausmalst, dass du deine Ziele schon erreicht hast, desto weniger Motivation verspürst du, auch wirklich etwas dafür zu tun. Ich weiß nicht, wie es dir geht, doch ich habe diesen Effekt schon einige Male sehr deutlich gespürt.

Ein weiteres Problem an der Beweisführung für die Wirksamkeit des Gesetzes der Anziehung liegt darin, dass keiner darüber berichtet, wenn es nicht funktioniert hat.

Das Gesetz der Anziehung besagt schließlich nicht nur, dass wir durch positive Gedanken Positives anziehen, sondern auch, dass wir durch negative Gedanken Negatives anziehen.

Das Gesetz der Anziehung besagt, dass wir durch unsere Gedanken unsere Realität positiv beeinflussen können. Das ist nicht grundsätzlich falsch, lässt aber außer Acht, dass wir bis zu 60 000 Gedanken pro Tag haben. Fakt ist also, dass du gedacht wirst, und zwar Tag für Tag, von gut 60 000 Gedanken. Jeder dieser Gedanken ist Energie. Und diese Energie wirkt auf dich ein, ob du das willst oder nicht. Du hast also keine Kontrolle darüber. Schon aus diesem Grunde ist die Annahme falsch, dass sich all unsere Gedanken sofort materialisieren könnten. Und weil du schon am Abend nicht mehr weißt, was du tagsüber so alles gedacht hast, hast du auch gar keinen Überblick über all deine bisher gedachten Gedanken.

Schon wenn die Dinge schiefgehen, wenn also Tragödien passieren oder gar Menschen sterben, dann kommt die Logik hinter dem Gesetz der Anziehung gehörig ins Straucheln. Aber dann spricht keiner mehr über das Gesetz der Anziehung.

Die hungernden Kinder der Welt sollten einfach mal mehr Nahrungsmittel visualisieren! Das Universum kümmert sich dann schon darum…

Laut der Logik des Gesetzes der Anziehung sind diese Menschen selbst an ihrem Elend schuld. Sie sind in einer misslichen Lage, weil sie zu viele negative Gedanken an das Universum geschickt haben. Doch zu behaupten, dass Menschen in Not ihr Leid durch negative Gedanken angezogen haben, ist nicht nur äußerst oberflächlich, sondern einfach nicht wahr.

Unsere Gedanken haben zwar einen immens großen Einfluss auf unser Leben. Doch es ist falsch und gefährlich, zu behaupten, dass unsere Gedanken für alles in unserem Leben verantwortlich sind. Unsere Gedanken sind wichtig. Aber sie bestimmen nicht zu 100 Prozent über unser Leben. Das Leben ist einfach viel zu komplex, um es alleine mit der Kraft des Universums, positiven Gedanken und dem Visualisieren zu erklären.

Manchmal widerfahren Menschen Wunder, ein anderes Mal Tragödien. Doch das hat nicht immer mit ihren Gedanken zu tun. Wir können nicht alles Negative im Leben allein durch

„positive Gedanken" vermeiden. Und genauso wenig ziehen wir jedes Unheil durch unsere negativen Gedanken an.

Das Gesetz der Anziehung führt oftmals auch dazu, dass Menschen nicht ins Tun kommen. Und das ist der springende Punkt. Das Gesetz der Anziehung führt bei vielen Menschen dazu, dass diese zwar träumen, visualisieren und positive Gedanken an das Universum schicken, aber darüber vergessen, die Dinge zu tun, die sie wirklich weiterbringen.

Für meinen Erfolg etwas tun?
So ein Quatsch! Ich visualisiere ihn einfach!

Als ich 1984 mit meiner Anwaltskanzlei angefangen habe, habe ich weder meinen Erfolg visualisiert noch habe ich Erfolgsgedanken an das Universum geschickt. Das Gesetz der Anziehung kannte ich damals noch gar nicht. Infolgedessen habe ich hart gearbeitet. Wenn du etwas in deinem Leben erreichen oder etwas ändern möchtest, dann arbeite daran.

Doch dass manche Menschen ihren Hintern nicht bewegen können oder wollen und nicht an ihren Zielen arbeiten, ist bei Weitem nicht das einzige Problem.

Ein größeres Problem ist, dass das Gesetz der Anziehung oftmals zu ungesunden Verhaltensweisen führt.

Das Gesetz der Anziehung besagt, dass du positiv denken musst und dich gut fühlen solltest, damit du auch Positives anziehst. Und das kann leider auch dazu führen, dass du deine Probleme schönredest und alles „Negative" verdrängst.

Sich alles schönzureden und alles Negative auszublenden, mag kurzfristig dazu führen, dass du dich besser fühlst, doch langfristig geht diese Strategie nach hinten los.

Vor Problemen die Augen zu verschließen, ist keine Lösung. Du wirst nicht glücklicher, indem du alle Schwierigkeiten in deinem Leben vermeidest, sondern indem du lernst, mit ihnen umzugehen. Und das ist nicht immer ein Zuckerschlecken.

Verstehe meine Kritik an dem Gesetz der Anziehung nicht falsch. Sicherlich haben unsere Gedanken einen sehr großen Einfluss auf unser Leben. Und auch ergibt es wenig Sinn, alles negativ zu sehen oder immer nur an das zu denken, was du nicht willst. Du gehst ja schließlich auch nicht in ein Restaurant und erklärst dem Kellner, was du nicht willst.

Doch zu erwarten, dass ein paar gute Gedanken an das Universum abzuschicken die Lösung zu allem ist, ist zu kurz gedacht. Das Leben ist nun mal komplexer als das. Und deshalb musst du dich früher oder später den Problemen in deinem Leben stellen und für deine Träume und Ziele, na ja, du weißt schon, eben etwas tun.

Trotz aller Kritik an den populären Ausdeutungen des Gesetzes der Anziehung in der Unterhaltungsliteratur enthält dieses selbstverständlich einen wahren Kern abseits der vom Verlagsmarketing fälschlicherweise in den Mittelpunkt gerückten „Wünsch dir was"-Mentalität.

Dass dieses Lebensgesetz bei einigen Menschen nicht oder nicht sofort funktioniert, könnte natürlich auch auf Anwendungsfehler zurückzuführen sein:

Zuerst einmal müssen wir uns darüber im Klaren sein, was genau wir anziehen wollen. Wenn wir uns nicht klar darüber sind, was wir wollen, können wir es auch nicht anziehen. Es ist wie mit einem Magneten – wenn du nicht weißt, was du anziehen willst, kannst du auch kein Magnetfeld erschaffen.

Zweitens müssen wir unseren Glauben stärken. Wenn wir nicht an das Gesetz der Anziehung glauben, wird es auch nicht funktionieren. Wir müssen die innere Überzeugung umsetzen, dass es funktioniert, und an unseren Traum glauben.

Drittens müssen wir die richtigen Gefühle hegen. Das Gesetz der Anziehung funktioniert nur, wenn wir positive Gefühle haben. Wenn wir uns Sorgen machen oder Angst haben, ziehen wir negative Dinge an. Daher ist es sehr wichtig, dass wir uns auf positive Gefühle konzentrieren und versuchen, unsere Ängste zu erkennen und zu überwinden.

Viertens müssen wir handeln. Wenn wir glauben und positive Gefühle hegen, aber nichts tun, um unseren Traum zu verwirklichen, dann passiert auch nichts. Jeder Mensch bekommt im Leben das, was er verdient, was er verursacht hat. Wer im Leben etwas haben oder bekommen will, der muss zuerst einmal anfangen. Wer Liebe will, der muss anfangen, zu lieben. Wer glücklich sein will, muss damit anfangen, andere glücklich zu machen. Alles ist so einfach, wenn erst einmal der Anfang geschafft ist.

Fünftens müssen wir Geduld haben. Das Gesetz der Anziehung braucht Zeit, um zu funktionieren. Wenn wir ungeduldig sind und dadurch negative Gedanken, Emotionen und schlechte Schwingungen verursachen, aber erwarten, dass alles sofort passiert, dann warten wir mit Sicherheit vergeblich.

Das Gesetz der Anziehung gilt de facto nicht für einzelne Gedanken oder für unsere häufig vom Ego dominierten Wünsche, sondern bezieht sich immer auf unseren gesamten Bewusstseinszustand: Das, was wir geben, kommt zu uns zurück. All unsere Gedanken, unsere Gefühle und unsere Glaubenssätze bilden gemeinsam die Grundschwingung unseres Bewusstseins. Passt die Schwingung eines einzelnen Gedankens, wie etwa bei einem Wunsch, nicht in die Grundschwingung unseres Bewusstseins, so hebt sich die Schwingung des Gedankens auf.

Der Begriff „Emotion" stammt von dem lateinischen Wort „emovere" ab und bedeutet „sich heraus bewegen", „sich erregen lassen". Davon ausgehend bilden unsere Gefühle eine Energie, die sich aus uns herausbewegt. Wenn wir weiterhin davon ausgehen, dass unsere Gedanken die Schwingungsfrequenz bilden, dann wirken unsere Gefühle wie ein Turbo für die Schwingungsintensität, welche unsere Gedanken energetisch aufladen und ihnen dadurch Kraft verleihen. In diesem Zusammenhang können wir uns das Bewusstsein als leistungsstarke Antenne vorstellen, die zur Informationsübertragung Radiowellen aussendet. Auch Radiowellen sind elektromagnetisch und dienen der Informationsübertragung. Hätte unser Bewusstsein eine Antenne, so würden unsere Gedanken quasi als Frequenzregler dienen, mit denen wir entscheiden können, welche Frequenzbereiche wir aussenden und empfangen wollen. Unsere Gefühle würden bei diesem Prozess als Regler für die Elektrizitätsimpulse fungieren, um den gewünschten Wellen eine schwache bis starke Energie zu verleihen, damit sie in der eingestellten Frequenz versendet werden könnten. Wenn wir also mit der Antenne unseres Bewusstseins die gewünschten Signale senden oder empfangen wollen, dann müssen wir diese richtig ausrichten, die treffende Frequenz wählen und sie mit der richtigen Energie ausstatten. In diesem Zusammenwirken bilden Gedanken und Gefühle unsere Schwingungsfrequenz und Schwingungsintensität und damit gemeinsam die Grundschwingung unseres Bewusstseins. Jedes Gefühl löst einen Gedanken aus, so wie jeder Gedanke ein Gefühl zur Folge hat. Jeder Schwingungsimpuls bewegt sich in einer Schwingungsfrequenz, so wie jede Schwingungsfrequenz von einer Schwingungsintensität begleitet wird.

Wenn wir uns zum Beispiel etwas Positives wünschen, doch die Grundstimmung unserer unterbewussten Gedanken, Gefühle und Glaubenssätze noch über eine negative Grundrichtung verfügt, dann wirkt die Schwingung unseres Wunsches einfach zu schwach, um sich mit den Wellen einer positiven Schwingung aus dem universalen Feld zu überlagern und bis zur Manifestation zu verdichten. In der Folge überdeckt die Grundschwingung unseres Bewusstseins die schwächere Eigenschwingung des Wunsches, bis wir ihn aufgeben.

Und das alles unter einen Hut zu bringen, bildet für die meisten Selbstversucher bei der Umsetzung des Gesetzes der Anziehung die erste fast unüberwindbare Hürde.

Letztlich ist für die Manifestation unserer Gedanken neben unserer persönlichen Grundschwingung auch zu berücksichtigen, dass wir ja nicht alleine auf der Welt leben, die wir mit bald acht Milliarden Menschen teilen, von denen jeder einzelne über ein eigenes Bewusstsein verfügt. Hinzu kommen noch weitere Lebewesen und sonstige Manifestationen aus der quantenphysikalischen Welt, die wiederum gemeinsam ein Kollektivbewusstsein bilden, wodurch wiederum eine kollektive Realität mit unmittelbarem Einfluss auf das Universum entsteht.

Mit unserem Bewusstsein sind wir die alleinverantwortlichen Gestalter unserer individuellen Realität mit direktem Einfluss auf die kollektive Realität. Unser Einfluss auf die kollektive Realität ist zwar sehr begrenzt, doch je höher unsere individuelle Grundschwingung ist, desto mehr Einfluss gewinnen wir auf die Gestaltung der kollektiven Realität.

Für unser eigenes Leben hat die Einschränkung unserer Wirkung auf die kollektive Realität sowieso keine unmittelbare Bedeutung, weil nur unser eigenes Bewusstsein steuern kann, welche Möglichkeiten wir anziehen und wie wir diese erleben. Immerhin stellt uns die kollektive Realität weitere Möglichkeiten zur Verfügung, die wir über unser Bewusstsein in unsere individuelle Realität ein- oder ausladen können. Im Ergebnis wird sich unsere Realität immer unserer Schwingung anpassen.

Das Gesetz der Anziehung hat also Auswirkungen auf alle Bereiche unseres Lebens. Das wiederum bedeutet, dass fast alle unsere Lebensumstände äußere Projektionen unserer Gedanken, Gefühle und Glaubenssätze sind. Alles um uns herum ist eine Manifestation unseres Bewusstseins in uns. Gleiches zieht Gleiches an, und das, worauf du dich fokussierst, dahin fließt die Energie. Wenn wir die Gesamtheit unserer Gedanken, unserer Gefühle und unserer Glaubenssätze mit unserem realen Leben vergleichen, werden wir feststellen, dass unsere Innen- und unsere Außenwelt identisch sind.

Das Gesetz der Anziehung ist eine Naturkraft, die allgegenwärtig wirkt, im positiven wie im negativen Sinne. Die irrtümliche Annahme, es manifestiere nur Wünsche, ist gefährlich und damit irreführend. Unsere Wünsche sind zunächst einmal rein subjektive Gedanken und werden erst durch unsere menschliche Bewertung zu unseren persönlichen Wunschvorstellungen.

Im Gegensatz dazu ist das Gesetz der Anziehung völlig neutral, weil es immer, überall und für jeden gilt. Die Natur kennt keine Wünsche. Auch das Gesetz der Anziehung bringt uns nicht das, was wir uns wünschen, sondern das, was wir nach unserer Grundschwingung unseres Bewusstseins sowieso sind.

Wenn du ein tiefes Vertrauen in das Leben und in dich selbst spürst, dann wendest du das Gesetz der Anziehung richtig an.

Der amerikanische Zellbiologe Bruce Lipton hat in seinem Buch „Intelligente Zellen" schon 2005 anhand zahlreicher Forschungsergebnisse aufgezeigt, dass alle äußerlichen Anstrengungen vergeblich sind, wenn die persönlichen, im Unbewussten abgespeicherten Überzeugungen nicht den Zielen des Verstandes entsprechen. Schon aus diesem Grunde kann die Anwendung von Methoden wie positivem Denken und sogenannten Powermethoden wie Neurolinguistischem Programmieren (NLP) kontraproduktiv sein und sogar krank machen, wie auch die öffentliche Interpretation des „Gesetzes der Anziehung", weil die Grundlagen der Quantenphysik falsch gedeutet werden.

In Wahrheit geht es doch vor allem um unsere innere Wirklichkeit. Um das Äußere brauchen wir uns letztlich keine Sorgen mehr zu machen, wenn wir uns mit unserem persönlichen Jetzt in einem adäquaten Wachstumsmodus befinden. Das „Außen" ereignet sich dann einfach so, wie es ist, weder gut noch schlecht, weder richtig noch falsch. Entscheidend ist ganz allein, was diese äußere Realität mit uns auf der Ebene unserer inneren Wirklichkeit macht.

Dabei ist natürlich auch zu berücksichtigen, dass unsere Wahrnehmung der äußeren Realität nur begrenzt ist, da wir niemals die Gesamtheit dessen, was wir vor uns haben, wahrnehmen.

Stattdessen erhalten wir aus den Informationen, die wir von allem, was wir so wahrnehmen, beziehen, eine unvollständige Realität mit vielen Lücken und Unzulänglichkeiten, eine Realität also, die oft nicht einmal mehr das Geringste mit dem zu tun hat, was wir beobachtet haben und was wir ursprünglich vor Augen hatten. Die Realität, die wir in unserem Bewusstsein durch die Inhalte unserer Wahrnehmung erschaffen, ist fast nie die endgültige. Wer schon mal bei Gericht erlebt hat, wie verschiedene Zeugen ein und denselben Vorgang schildern, kann ein Lied davon singen. Dabei ist natürlich auch zu berücksichtigen, dass unsere Wahrnehmung von Tausenden Variablen beeinflusst werden kann, die die Realität, die wir von außen erlebt haben, in eine subjektive Version verwandeln, die wir je nach dem, worauf wir unsere Aufmerksamkeit in einem bestimmten Moment konzentriert haben, erschaffen.

Heute ist es für mich und meine Familie vollkommen normal, unsere Wahrnehmung auf das zu richten, was jetzt im Moment ist, auf jeden Gedanken, jede Emotion. Und dabei bemerken wir, was den entscheidenden Unterschied macht. Es ist die veränderte Wahrnehmung von Freiheit! Da kommt Freude auf, jetzt, in diesem Moment der Freiheit nicht ein Gefangener seiner Gedanken, Emotionen und Gefühle zu sein. Ohne die Bewertungen unseres Verstandes existiert weder gut noch schlecht. Es ist, wie es ist.

Unsere Einstellungen und Glaubenssätze bestimmen, was wir sehen und wie wir es interpretieren. Sie kommen allerdings aus der Vergangenheit und basieren auf unseren gemachten Erfahrungen, auf Programmen und Mustern und wurden von uns zum größten Teil ungeprüft übernommen. Es ist sogar so, dass du das, womit du dich identifizierst, gar nicht wirklich bist. Jeder Gedanke und jede Emotion entstehen nämlich primär durch unsere unbewussten Grundüberzeugungen und wirken bis in jede einzelne unserer 50 Billionen Zellen hinein. Wir befinden uns also durch unsere Gedanken und Gefühle permanent in einem interaktiven Prozess mit der Gesamtheit unserer Zellen, in denen unsere Überzeugungen abgespeichert sind. Folglich sind wir über unsere zelluläre Intelligenz die Miterschaffer dieses

Wunders, welches wir Leben nennen. Es gilt, unsere Aufmerksamkeit auf unseren Wachstumsprozess im Hier und Jetzt zu richten, statt irgendwelchen Zielen hinterherzuhecheln.

Frei zu sein bedeutet, in ständiger Beziehung zu seinem Selbst zu sein, also wahrhaft selbstbewusst und damit selbstständig zu sein. Auf dieser Ebene des Seins leben wir in der Selbstliebe und im Selbstvertrauen. Bis es so weit ist, leben wir im Mangel, der uns in die Abhängigkeit führt. Dann richten wir unsere Aufmerksamkeit nach außen und suchen dort, was wir in uns nicht finden können. In einem nächsten Schritt projizieren wir unsere Wunschvorstellungen und Defizite in die Personen, denen wir begegnen. Eine hohe Erwartungshaltung, überzogene Wünsche und Maßstäbe werden dann zu ständigen Begleitern, die früher oder später in die Enttäuschung führen.

Freiheit ist und bleibt aber ein grundlegendes Prinzip der Schöpfung, das wir in jedem Moment unserer Existenz anstreben und mit unserer Wahrnehmung in uns erleben können. Schöpfung ist niemals etwas Abgeschlossenes, sondern ein permanenter Prozess, an dem wir in jedem Augenblick mitwirken dürfen. Richtig, wir selbst sind es, die unsere innere Wirklichkeit im ständigen Jetzt erschaffen. Im Ergebnis geht es dabei immer um unser gesamtes inneres Erleben unserer Lebenswirklichkeit in puncto Gesundheit, Körper, Beziehungen, Freunde, Lebenspartner, Arbeit, Freizeit, Stärke und Liebe.

Alles, was im Außen – in einer von uns scheinbar getrennten Wirklichkeit – geschieht, ist für unser Wohlergehen weniger entscheidend als unser inneres Erleben dieser äußeren Welt.

Als machtvolle Wesen besitzen wir tagtäglich die Freiheit, uns zu entscheiden, ob wir eine Realität erschaffen wollen, in der wir Leidende oder Unfreie sind. Je stärker wir dem alltäglichen „Hirngeplapper" in unserem Kopf Aufmerksamkeit schenken, umso weiter entfernen wir uns von unserem elementaren Sein. Wenn wir unser gesamtes Potenzial wirklich leben und die Verbindung zu unserer zellularen Intelligenz wahrnehmen wollen, gilt es, unsere gesamte Achtsamkeit darauf auszurichten. Denn unser Wachstumsmodus ist die entscheidende Grundvoraussetzung dafür, dass wir die Verbindung zu der unseren Zellen innewohnenden Intelligenz überhaupt wahrnehmen.

Unser Gehirn verändert sich ständig. Die Fähigkeit, sich immer wieder neu zu strukturieren, begleitet uns ein Leben lang. Was passiert aber im Gehirn, wenn wir lernen?

Das Gehirn ist ein komplexes Organ und die Schaltzentrale für unser Gedächtnis. 100 Milliarden Nervenzellen kommunizieren miteinander. Beim Lernen setzt man neue Reize. Das neuronale Netz verändert sich, es bilden sich neue Verbindungen unter den Nervenzellen, es wird dichter und größer.

Wenn jemand anfängt, intensiv ein Instrument zu spielen, sagen wir mal, das Klavierspielen lernt, dann sieht man Veränderungen in Hirnbereichen, die zuständig sind für die motorische Steuerung von Fingern, weil man beim Klavierspielen eben sehr viel Feinmotorik und sehr genaue Kontrolle und sehr genaues Timing all seiner Finger benötigt, und das ist eine echte Herausforderung für das Gehirn.

Gerade beim Erlernen eines Instruments oder auch des Autofahrens über Wochen und Monate hinweg wird die Struktur des Gehirns verändert. Bestimmte Verbindungen zwischen den Nervenzellen und Hirnarealen werden aktiver, besonders diejenigen, die für das jeweilige Instrument oder die Teilnahme am Straßenverkehr notwendig sind. Diese Prozesse werden als Neuroplastizität bezeichnet.

Die Fähigkeit unseres Gehirns, sich immer wieder neu zu strukturieren, hilft aber auch, dass wir uns in unbekannten Umgebungen orientieren können und mit neuen Situationen zurechtkommen. Diese Anpassungsleistung hilft uns Menschen, bei komplexen Zusammenhängen den Durchblick zu bewahren. Wir können schnell reagieren, abwägen, was neu und wichtig ist, und mit bereits gespeicherten Informationen verbinden. Wenn Nervenzellen sich neu bilden, dann sprechen Forscher von einer Neurogenese.

Unser Gehirn arbeitet wie ein großer Computer. Es verarbeitet Sinneseindrücke und Informationen des Körpers und schickt Botschaften in alle Bereiche des Körpers zurück. Doch das Gehirn kann weit mehr als eine Maschine: Mit dem Gehirn denkt und fühlt der Mensch, hier liegen die Wurzeln seiner Intelligenz.

Unser Denkorgan ist ungefähr so groß wie zwei geballte Fäuste und wiegt etwa 1,5 Kilogramm. Von außen ähnelt das Gehirn durch Windungen und enge Spalten einer überdimensionalen Walnuss. Das Hirngewebe enthält etwa 100 Milliarden Nervenzellen und etwa eine Billion Stützzellen, die das Gewebe stabilisieren.

Im Gehirn befinden sich verschiedene Abteilungen, die sehr unterschiedliche Aufgaben haben:

- Großhirn
- Zwischenhirn mit Thalamus, Hypothalamus und Hypophyse,
- Hirnstamm mit Mittelhirn, Brücke und verlängertem Mark
- Kleinhirn

Das Großhirn besteht aus einer rechten und einer linken Gehirnhälfte. Beide sind durch ein dickes Bündel aus Nervenfasern verbunden, dem Balken. Jede Gehirnhälfte besteht wiederum aus sechs Bereichen (Lappen) mit unterschiedlichen Funktionen. Das Großhirn kontrolliert Bewegungen und verarbeitet Sinneseindrücke von außen. Hier entstehen bewusste und unbewusste Handlungen und Gefühle. Es ist außerdem für Sprache und Hören, Intelligenz und Gedächtnis verantwortlich.

Die beiden Gehirnhälften haben zum Teil unterschiedliche Funktionen: Während die linke Hälfte bei den meisten Menschen auf Sprache und abstraktes Denken spezialisiert ist, kommt die rechte in der Regel dann zum Einsatz, wenn es um räumliches Denken oder bildhafte Zusammenhänge geht. Die rechte Gehirnhälfte steuert die linke Körperseite, die linke Hälfte ist für die rechte Seite zuständig. Diese Überkreuzung führt dazu, dass zum Beispiel bei einem Schlaganfall eine Schädigung der linken Gehirnhälfte Lähmungen auf der rechten Körperseite verursachen kann.

Diese Neubildung der Nervenzellen findet hauptsächlich im Hippocampus statt. Dieser Bereich im Gehirn ist für das Gedächtnis und Lernen zuständig. Ein Hirnareal, das aber auch zur räumlichen Orientierung notwendig ist. Bis ins hohe Alter können sich im Hippocampus Nervenzellen erneuern. Das ist für Menschen von Bedeutung, die zum Beispiel aufgrund eines Schlaganfalls viele Dinge von Grund auf neu erlernen müssen. Das Gehirn spielt natürlich auch bei Routinen eine Rolle.

Das menschliche Gehirn spart damit Arbeit und schaltet auf Autopilot. Das zeigt sich auch bei der Ernährung: Essen wir Lebensmittel mit sehr viel Zucker und Fett, gewöhnt sich unser Gehirn daran und verlangt nach mehr.

Mithilfe der Neurowissenschaften können die Fähigkeiten unseres Gehirns immer genauer erklärt werden. Ein Blick ins Gehirn ist mit bildgebenden Verfahren wie der Magnetresonanztomographie (MRT) möglich. Damit kann man Veränderungen von Hirnarealen untersuchen und das neuronale Netz in seiner Dichte erfassen. Es bietet Möglichkeiten, immer besser zu verstehen, wie unser Gehirn tatsächlich lernt. Aber die neuronalen Aktivitäten im Detail zu erkennen, dafür reicht das MRT-Verfahren nicht aus. Das neuronale Netz genauer zu verstehen, bleibt für die Hirnforschung eine große Herausforderung.

Wie wir wissen, lernt der Mensch sein Leben lang. Grundlage dafür sind winzige Veränderungen in der Art und Weise, wie Zellen im Gehirn miteinander kommunizieren – indem etwa ihre Aktivität über die sogenannte Langzeitpotenzierung beeinflusst wird.

Aber was genau passiert in unserem Gehirn, wenn wir lernen? Im Detail kann das bis heute niemand beantworten, aber seit mehr als einhundert Jahren steht eine winzige Struktur im

Mittelpunkt der Aufmerksamkeit: die Synapse – der Ort, wo zwei Nervenzellen aufeinandertreffen.

Die Besonderheit liegt darin, dass sich die beiden Zellen dort gar nicht berühren (das entdeckte schon der berühmte Anatom Santiago Ramón y Cajal am Ende des 19. Jahrhunderts, als er angefärbte Hirnschnitte unter dem Mikroskop untersuchte). Stattdessen sind die beiden Zellen durch einen winzigen Spalt von etwa 20 Nanometern getrennt, der somit 5000 Mal dünner als ein menschliches Haar ist. Das sendende Neuron auf der einen Seite wird als präsynaptisch, das empfangende auf der anderen Seite als postsynaptisch bezeichnet.

Eine elektrische Erregung läuft das Axon – das „Kabel" – des präsynaptischen Neurons entlang, bis sie den Spalt erreicht. Dort werden daraufhin zahlreiche Bläschen mit Botenstoffen in den synaptischen Spalt entleert. Je nach Synapse kann es sich dabei um Dopamin, Adrenalin, Acetylcholin, Glutamat oder eine andere Substanz handeln. Die Botenstoffe docken auf der anderen Seite des Spalts an Rezeptoren auf der Oberfläche der postsynaptischen Zelle an. Daraufhin öffnet sich beim „Empfänger" ein Kanal und Calciumionen (Ca2+) strömen ins Innere der Zelle. War die „Botschaft" des Senders intensiv genug, gelangt also genügend Ca2+ ins Innere des Empfängers, dann wird dessen elektrisches Gleichgewicht gestört und damit ein Potenzial ausgelöst – die Botschaft reist auf diese Weise weiter zur nächsten Station.

„Lernen bedeutet im Grunde genommen nichts anderes, als diesen Prozess so zu verändern, dass es leichter oder schwieriger wird, die Nervenzelle auf der anderen Seite des Spalts zu erregen", sagt Dominique de Quervain, der an der Universität Basel die molekularen Grundlagen des Gedächtnisses erforscht. Wissenschaftler nennen das Phänomen synaptische Plastizität. Es ist die Grundlage für ständige Veränderungen im Gehirn und erlaubt dem Menschen bis ins hohe Alter, neue Dinge zu erlernen, neue Erfahrungen zu machen.

Aber wie verändern Erfahrungen die Synapse? 1973 entdeckten Timothy Bliss und Terje Lømo einen Mechanismus. Die beiden Neurowissenschaftler untersuchten einzelne Synapsen. Sie stimulierten die präsynaptische Zelle mit einer winzigen Elektrode und maßen dann die Erregung der postsynaptischen Zelle. Ein schwacher Reiz führte dabei auch nur zu einer schwachen Reaktion des zweiten Neurons. Wurde das sendende Neuron aber stark stimuliert, führte das nicht nur zu einer starken Reaktion im empfangenden Neuron. Hinterher reagierte es auch viel stärker auf einen schwachen Reiz des ersten Neurons – und das auch noch Stunden später. Die synaptische Übertragung war durch die Aktivität offenbar effektiver geworden.

Dieser Effekt wird als Langzeitpotenzierung (LTP) bezeichnet. Er war das erste Beispiel dafür, dass Erfahrungen die Aktivität von Nervenzellen ändern können, und er schien direkt auf eine These zurückzuweisen, die der kanadische Psychobiologe Donald Hebb 1949 aufgestellt hatte. Wenn eine Nervenzelle A immer wieder eine Nervenzelle B aktiviere, glaubte Hebb, ändere sich die Verschaltung der beiden Zellen so, dass es für A immer leichter werde, B zu stimulieren.

Zunächst einmal wissen wir, dass das Gehirn viel mehr mit sich selbst redet als mit der Außenwelt: Wir verstehen es als großes neuronales Netzwerk mit etwa 80 Milliarden Neuronen, die mit nochmal 80 Milliarden × 5000 Verbindungen miteinander kommunizieren. Informationen von außen machen da nur einen winzigen Teil aus.

Beispielsweise haben wir in der Netzhaut der Augen etwa eine Million sogenannter Ganglienzellen, die dem Gehirn mitteilen, was wir gerade sehen. Zum Vergleich dazu sprechen die Gehirnhälften über etwa 200 Millionen Fasern miteinander und sind in sich noch einmal intensiver vernetzt.

Unsere Aufmerksamkeit liegt also zum Großteil innerhalb des Gehirns. Und selbst der primäre visuelle Cortex, der die Informationen vom Auge als Erstes bekommt, „schaut" nur mit etwa einem Sechstel seiner Verbindungen nach außen, die restlichen Verschaltungen sind alle innerhalb des Gehirns.

Nun kann man sich mithilfe funktioneller Magnetresonanztomographie (fMRT) anschauen, was im Gehirn passiert, wenn man ein Bild sieht oder sich ein Bild vorstellt. Da kann man dann sehen, dass der primäre visuelle Cortex bei vorgestellten Bildern nur sehr wenig aktiviert wird, vielleicht zehn Prozent von dem, was beim Ansehen von echten Dingen passiert.

Doch dabei geschieht dann etwas ganz anderes. Um das Gesehene wirklich wahrzunehmen, ist der primäre visuelle Cortex mit höheren Gehirnebenen verschaltet. Sein Signal geht also zunächst zur zweiten Ebene, dem sekundären visuellen Cortex, und dieser projiziert wiederum sogar zu mehreren Gehirnarealen, und so weiter. Wir kommen da bei etwa zehn bis elf Ebenen raus, die jeweils die nächsthöheren Verarbeitungsschritte übernehmen. Interessanterweise werden die höheren Ebenen sogar stärker aktiv, wenn wir uns etwas vorstellen. Eigentlich logisch: Wenn ich etwas sehe, wird mir das vom Auge fix und fertig serviert. In der Vorstellung ist da aber erst einmal nichts. Ich muss mich also anstrengen, um ein Bild entstehen zu lassen, und damit haben scheinbar die höheren Areale zu tun.

Dazu kommt, dass die Vorstellung nur ein blasses Abbild eines wirklichen Bildes ist. Deshalb haben wir kein Problem, den Unterschied festzustellen. Ich kann die Augen schließen und mir ein Gesicht vorstellen. Aber während ich an den Mund denke, sehe ich das restliche Gesicht eher verschwommen; stelle ich mir die Augen vor, verwischt der Mund.

Allerdings gibt es Menschen, die halluzinieren, etwa bei einer Schizophrenie. Diese Empfindungen sind dann lebensecht und nicht unterscheidbar von einem echten Reiz von außen. Und da haben Studien gezeigt, dass bei den Betroffenen die früheren Areale deutlich stärker aktiviert werden – vergleichbar mit den Signalen, die bei einem echten Reiz auftreten. Das Gehirn gaukelt ihnen also wirklich vor, dass sie die Dinge sehen oder hören.

Zusammenfassend kann man sagen, dass es auf das Aktivierungsmuster im Gehirn ankommt: Frühe Regionen wie der primäre visuelle Cortex vermitteln echte Bilder, höhere Ebenen strengen sich an, um Vorstellungen entstehen zu lassen.

KAPITEL 6

Entlarve dein Ego

Die wichtigste Basis für ein gesundes Selbstbewusstsein ist eine gesunde Balance zwischen dem Ego und dem Selbst: Das Ego ist der Teil von uns, der nach Anerkennung, Bestätigung und Erfolg strebt. Das Selbst ist das tiefere Bewusstsein von uns selbst, das uns hilft, unsere Werte, Ziele und Bedürfnisse zu verstehen.

„Ego" ist lateinisch und bedeutet „Ich". In der Psychologie und Philosophie bezieht sich das Ego auf das Selbstbild einer Person und ihre Identität, die aus all ihren Erfahrungen, Überzeugungen, Emotionen und Gedanken besteht. Es ist ein wesentlicher Bestandteil der Persönlichkeit und hilft uns dabei, uns selbst zu verstehen. Nur mithilfe des Egos ist es uns überhaupt möglich, mit Menschen und Umständen in Kontakt zu treten und sich in diesem Prozess erfahren zu können. Vom Ergebnis her also die Antwort auf die Frage „Wer bin ich?"

Das Ego ist also nicht das wahre Selbst, die authentische Persönlichkeit, sondern das Bild, das man von sich selbst hat und nach außen darstellen möchte.

Nach C. G. Jung stellt das Ego den bewussten Teil der Persönlichkeit dar, also das Bild, das wir von uns selbst haben. Es bezieht sich vor allem auf die als positiv bewerteten Seiten – wie wir uns gerne sehen, wie wir sein wollen, zum Beispiel erfolgreich, hilfsbereit, zuverlässig, engagiert, attraktiv, großzügig.

Dass das Ego im Spiel ist, merkt man meistens daran, dass eine starke Definition über Äußerlichkeiten stattfindet, die im Allgemeinen mit Erfolg assoziiert werden: Dann geht es um akademische Titel, Karrierestufen, Wohlstand oder Machtpositionen.

Wohl jeder kennt den Spot aus der Fernsehwerbung: „Mein Haus, mein Auto, mein Boot…"

Egoismus bedeutet dementsprechend, dass der Fokus so stark auf dem Ego liegt, dass jegliches Verhalten dazu dient, das eigene Ego zu mästen.

Andere Menschen werden vor allem dazu benutzt, um permanent Bestätigungen zu erhalten. „Das habe ich doch toll gemacht, oder?", „Das Projekt war doch eine Superidee von mir", „Ich bin doch wirklich ein guter Vater, oder?"

Wenn das handlungsleitende Motiv ist, die eigenen Bedürfnisse in den Vordergrund zu stellen, kann es passieren, dass man rücksichtslos und zum Nachteil anderer agiert. Das größte Stück Kuchen, die Anerkennung für einen beruflichen Erfolg, Lob für eine Leistung – wer all das für sich alleine beansprucht und nur auf seinen Vorteil bedacht ist, ist für sein Umfeld extrem fordernd und schadet mit diesem Verhalten letztendlich auch sich selbst.

Das Ego erzeugt im Ergebnis eine ständige Unzufriedenheit, weil es sich ständig mit den Umständen, dem Körper, den Gedanken etc. definiert. Ganz egal, was auch passiert, das Ego fühlt sich immer betroffen. Es bildet sich nämlich ein, ein selbstständig existierendes Ich, also ein Individuum zu sein. Vor diesem Hintergrund neigt das Ego dazu, Haben und Sein zu verwechseln, indem es glaubt, dass es wertvoller wäre, wenn es mehr von etwas haben würde.

Doch die Befriedigung darüber, von irgendetwas mehr zu bekommen, zu erhalten oder zu haben, ist immer nur von extrem kurzer Dauer. Dieses vorübergehende Glücksgefühl ist in Windeseile wieder verschwunden, und der Kreislauf beginnt von vorn. Das Ego kommt erneut in einen zwanghaften Zustand und in einen Druck, diesem Glücksgefühl hinterherzuhecheln.

Genau damit beeinträchtigt das Ego das natürliche Wohlbefinden des Körpers und erzeugt unnötigen Druck und Stress, vor allem dadurch, dass es sich Sorgen macht, was alles passieren könnte, und erzeugt damit grundlos negative Emotionen, die den Energiefluss im Körper stören. Und das geschieht nicht etwa durch äußere Faktoren, sondern durch das Denken darüber.

Ein gesundes Maß an Ego ist völlig normal und auch gesund, da es einem hilft, selbstbewusst aufzutreten und seine Ziele zu erreichen. Allerdings kann ein übermäßiges Ego zu negativen Auswirkungen auf die persönlichen Beziehungen und die eigene psychische Gesundheit führen, besonders wenn es zu einem übermäßigen Stolz, einer übertriebenen Selbstachtung oder einer übertriebenen Vorstellung von der eigenen Bedeutung und Leistung führt.

Um ein übermächtiges Ego zu entlarven, können folgende Anzeichen hilfreich sein:

- ständiger Wunsch nach Aufmerksamkeit und Anerkennung von anderen.

- Übermäßige Selbstbesessenheit und ein starker Fokus auf das eigene Erscheinungsbild und den eigenen Erfolg.

- Schwierigkeiten, Kritik anzunehmen und zuzugeben, dass man Fehler gemacht hat.

- Eine Tendenz dazu, andere zu dominieren und ihre Meinungen und Gefühle zu ignorieren.

- Schwierigkeiten, sich in andere hineinzuversetzen und Mitgefühl zu empfinden.

- Ein übermäßiger Stolz auf die eigenen Leistungen und Fähigkeiten, der dazu führt, dass man sich besser als andere fühlt.

Im Gegensatz zum Ego bezieht sich das Selbst auf das tatsächliche Wesen einer Person, ihre einzigartigen Eigenschaften, Gedanken und Emotionen.

Es ist das tiefere Selbst, das sich von unserem bewussten Denken und Handeln unterscheidet.

Um das Ego von unserem Selbst zu unterscheiden, kann man auf die folgenden Unterscheidungsmerkmale achten:

- Das Ego bezieht sich oft auf das äußere Erscheinungsbild, den Status und die Leistung einer Person, während das Selbst auf das innere Wesen und die tatsächlichen Eigenschaften einer Person abzielt.

- Das Ego kann oft überbewertet werden und zu übermäßigem Stolz und Arroganz führen, während das Selbst akzeptiert, wer wir sind und uns ermöglicht, authentisch zu sein.

- Das Ego kann von außen beeinflusst werden, während das Selbst ein inneres Gefühl von Identität und Wissen darüber ist, wer wir wirklich sind.

- Das Ego ist oft mit einem Mangel an Selbstwertgefühl verbunden, während das Selbstbewusstsein und ein positives Selbstbild zu einem starken Selbstwertgefühl führen.

- Das menschliche Ego erzeugt in seinem Normalzustand ständige Unzufriedenheit, weil es sich ständig mit den Umständen, dem Körper, den eigenen Gedanken etc. definiert.

Darum ist es äußerst wichtig, das Ego in Schach zu halten und darauf zu achten, dass es nicht unser tiefes Selbst überschattet oder verzerrt. Eine Möglichkeit, dies zu tun, besteht darin, regelmäßig unsere Gedanken, Gefühle und Handlungen zu reflektieren und uns bewusst zu werden, wie unser Ego unsere Wahrnehmung beeinflusst.

Das Wort „Ego" wurde in der Vergangenheit emotional aufgeladen und ist auch in der heutigen Gesellschaft meist negativ behaftet. Dabei verfügt jeder Mensch über ein Ego. Es ist ein rein illusionäres Produkt des eigenen Verstandes – ein Selbstbild, welches sich im Laufe des Lebens entwickelt hat und mit welchem man sich meist unbewusst stark identifiziert. Man könnte es auch als die harte, oberflächliche Schale deiner Persönlichkeit bezeichnen. Doch wie genau wirkt sich dieses Selbstbild auf dich und dein Leben aus? Welchen Einfluss hat es auf deine Entscheidungen, die du tagtäglich triffst? Wie entwickelt es sich? Was ist seine Aufgabe? Warum leiden Menschen so oft unter ihrem Ego und wie kannst du dich davon lösen?

Unser Ego entwickelt sich bereits unbewusst im frühen Kindesalter. Wir übernehmen Vorstellungen und Urteile über unser Umfeld und uns selbst, entwickeln diese weiter und akzeptieren sie als Wirklichkeit. Letztendlich identifizieren wir uns mit diesen Vorstellungen. Unser Verstand dient nicht mehr nur als Werkzeug, um äußere Reize mithilfe unserer Sinne zu verarbeiten, sondern entwickelt darüber hinaus ein Langzeitgedächtnis, durch welches ein statisches Selbstbild entsteht.

Jeder von uns wird ohne Ego geboren. In diesem Zustand leben wir bewusst und agieren vollständig und ausschließlich im Hier und Jetzt – wir schwelgen weder in vergangenen Erinnerungen noch in den potenziellen Sorgen von Morgen. Wir haben kein genaues Bild davon, „wer" oder „was" wir eigentlich sind, und machen uns ebenfalls keine Gedanken über diesen Sachverhalt. Als Kleinkind habe ich immer in der dritten Person von mir selbst gesprochen, also zum Beispiel „Norbert geht jetzt" anstatt „Ich gehe jetzt".

Das Ego entsteht einerseits durch Zuschreibungen von innen: Wie sehe ich mich selbst? Welche Meinung habe ich von mir? Was glaube ich, wie (toll) ich bin? Andererseits wird das Ego auch von außen geprägt, indem man immer wieder gesagt oder gezeigt bekommt: So bist du. Darin bist du gut. Das kann einerseits zu echtem Selbstvertrauen führen, andererseits – wenn diese Zuschreibungen nicht der Realität entsprechen, sondern auf einer verzerrten Wahrnehmung des Umfelds – eben auch zu einem falschen Selbstbild.

Umgekehrt kann ein falsches Selbstbild auch durch nichtzutreffende negative Zuschreibungen entstehen. Wer immer wieder von seinem prägenden Umfeld hört: „Das kannst du nicht, du warst noch nie ordentlich, du hast schon immer alles kaputtgemacht", kann daraus ein falsches Bild von sich selbst entwickeln. Dieses Bild wird dann möglicherweise durch das eigene Verhalten ausgefüllt und immer wieder bedient, selbst wenn man sich eigentlich davon lösen möchte. Oder aber, man versucht, eine erneute Zuschreibung dieser Art und die damit verbundene schmerzhafte Erfahrung um jeden Preis zu vermeiden, indem man mit aller Kraft dagegen arbeitet und bemüht ist, das Gegenteil zu beweisen.

Wenn wir einen Teil von uns ablehnen, dann verdrängen wir diesen aus unserem Ego. Das gilt besonders für weniger positiv bewertete Eigenschaften oder Verhaltensweisen wie Neid, Gier, Eifersucht, Geiz oder Schwäche. Diese abgelehnten und ins Unbewusste verlagerten Wirklichkeitsbereiche kann man auch als Schatten bezeichnen, die der Mensch bei sich nicht sieht oder nicht sehen will. Und genau da liegt ein großes Problem, weil wir diese scheinbaren Schatten fortan als „Außen" erleben und dort als scheinbar von außen auf uns zukommende Prinzipien genauso leidenschaftlich bekämpfen, wie wir es zuvor in uns getan haben. Und über diese Schattenaspekte müssen wir uns erst einmal bewusst werden. Denn für uns ist außerordentlich wichtig, diese Schatten zu integrieren, um innere Konflikte aufzulösen. Wenn wir das nicht tun, werden die inneren Konflikte immer und immer wieder im Äußeren in Erscheinung treten. Wenn wir an unseren Schatten arbeiten möchten, dann müssen wir tief im Inneren nach dem Verborgenen suchen und es sichtbar machen.

Aber Vorsicht, jetzt wird es erst einmal unbequem: Wir alle sind mal neidisch, mal überheblich, mal unsicher, ängstlich oder geizig.

Im Laufe der Entwicklung, geprägt durch soziale und gesellschaftliche Einflüsse, entwickeln wir allmählich ein Selbstbild: „Ich bin der Norbert, gehe in die vierte Klasse und bin gut in Deutsch und schlecht in Mathe." Durchforste mal dein

Gedächtnis und du wirst mit Sicherheit feststellen, dass deine gesamte innere Welt – und damit auch dein gesamtes Weltbild – eine Anhäufung von Erinnerungen und sonstigen Einflüssen ist. Unser Ego wird von sämtlichen Erinnerungen, Einflüssen, Eindrücken, Bewertungen (beispielsweise Schulnoten), Referenzerlebnissen, sozialen und gesellschaftlichen Programmierungen, deinen Glaubenssätzen (Selbstlimitierungen) und deiner Erziehung konditioniert. Letztere stellt dabei den tiefsten Kern deiner Persönlichkeit und deines Selbstbildes dar, weshalb die Konditionierungen deiner Erziehung auch die grundlegendsten sind.

Äußerst problematisch dabei ist, dass unser Selbstbild in der persönlichen Wahrnehmung statisch und nicht veränderbar ist. Im Gegensatz dazu unterliegen dein Geist, dein Körper, wie auch alle anderen Begebenheiten in diesem Universum, einer ständigen und zyklischen Veränderung. Eine statische Selbstwahrnehmung steht demnach in einem krassen Widerspruch zu einer stetigen Entwicklung. Sie hemmt dich und blockiert einen freien Prozess der Entfaltung.

Wenn deine Eltern und Lehrer dir deine Stärken in Deutsch und Grammatik aufgrund deiner am Anfang durchaus mangelhaften Rechtschreibung abgesprochen haben, dann war das aus ihrer subjektiven Wahrnehmung heraus möglicherweise korrekt. Selbst wenn sich dieses Bild aus der Vergangenheit in dich und dein Bewusstsein eingebrannt hat, hast du doch jederzeit die Möglichkeit, dich selbst eines Besseren zu belehren. Möglicherweise schlummert in Wirklichkeit in dir ein ausdrucksstarker und stilsicherer Schriftsteller, der nur darauf wartet, von dir entdeckt zu werden. Da sich der Glaubenssatz „Ich bin schlecht in Deutsch" jedoch eingebrannt hat, limitierst du dich und deine Stärken ein Leben lang und stehst dir damit selbst im Weg.

Jeden Tag aufs Neue lebst du dieses Selbst aus der Vergangenheit und setzt dir damit selbst die Grenzen eines illusionären Gefängnisses, in welchem deine Möglichkeiten stark limitiert sind.

Was dir deine Umgebung einredet, entspricht nicht unbedingt der Realität. Kein Mensch kennt dich selbst so gut wie du selbst. Nur du kannst dir deiner Stärken und Schwächen vollkommen bewusst sein, sie akzeptieren oder dich weiterentwickeln. Du hast jeden Tag die Chance, deine Ketten zu sprengen und dich vollkommen neu zu erfinden oder dein gewohntes „Ich" weiterzuleben.

Wie kann ich Ego-Identifikationen erkennen?
Erkenne den Unterschied:

Ego:
„ICH bin dieser Beruf."
„ICH bin dieser Titel."
„ICH bin unsicher."
„ICH bin diese Nationalität."

Realität:
„ICH übe diesen Beruf aus."
„ICH habe diesen Titel erarbeitet."
„ICH bin mir diesbezüglich unsicher."
„ICH habe diese Nationalität."

Durch die Identifikation mit diesen Aussagen baust du dir ein falsches Selbstbild auf. Du sagst „Ich bin ein Superstar, ein Anwalt, ein gescheiterter Ehemann" und dergleichen mehr, und nimmst diese Glaubenssätze tief in dir auf, welche dich in deinem Denken, deinem Handeln, deinen Möglichkeiten und Perspektiven blockieren können.

Stück für Stück bildet sich eine oberflächliche, statische Schale um dein inneres Wesen – eine Schale, die den Kern deines Selbst einschränkt oder dich in ein Verhältnis der Abhängigkeit rückt.

Denn dein Ego identifiziert sich nicht nur mit äußeren Einflüssen oder Titeln, Positionen, Berufen und dergleichen mehr, die du mit deinem Selbst gleichsetzt. Dein Ego identifiziert sich auch mit all dem, das du glaubst zu besitzen – deinem Auto, deinem Haus, deinem Boot und deinem sozialen Status.

Wenn du diese scheinbaren Besitztümer einbüßen musst, leidet dein Selbstwertgefühl aufgrund der Identifikation mit denselben. Kurz gesagt: Identifizierst du dich mit Dingen im Außen, machst du dich und deine Zufriedenheit von diesen abhängig. Reales Beispiel: Dein Leben neigt sich dem Ende zu. Dein Traum ist es, deine letzten Jahre zu nutzen, um die Welt zu bereisen. Um diesen zu verwirklichen, müsstest du dein Haus verkaufen. Dein Ego hat sich jahrelang mit diesem Haus identifiziert. Du kannst dich nicht mehr davon lösen und vereitelst auf diese Weise deinen langersehnten Traum. Dieses Beispiel bringt uns zum nächsten Thema:

Evolutionär gesehen fungiert dein Ego als eine Art Schutzschild oder eine Maske, mit dem dein weicher, innerer Kern und damit auch deine Schwächen abgeschirmt oder verdeckt werden sollen. Zu Zeiten von Jägern und Sammlern dienten damit verbundene Warnsignale (Ängste) zum Schutz vor Gefahren und der Sicherstellung des Überlebens. Das Ego ist aus dieser evolutionären Perspektive auch dafür verantwortlich, dass du eher dazu tendierst, unbekannte Situationen zu meiden und dich in Sicherheit zu wiegen.

In der heutigen Welt gibt es allerdings kaum noch Gefahren, die wirklich lebensbedrohlich sind.
Dein Ego hindert dich dennoch daran, Risiken einzugehen, denn das Unbekannte bedeutet Ungewissheit hinsichtlich deiner Sicherheit. Selbst wenn du mit einem Sprung ins kalte Wasser über dich hinauswachsen könntest, bleibst du lieber auf der sicheren Seite. Anders als beispielsweise die Anatomie des Menschen hat sich die Funktionsweise des Egos kaum verändert. In früheren Zeiten bedeutete abweichendes oder riskantes Verhalten, auf sich selbst gestellt zu sein oder einen Ausschluss aus sicheren Gemein- und Gesellschaften. Das Ego diente in vergangenen Zeiten zur Sicherung konformer, angepasster Handlungen, die ein Überleben garantierten. Im heutigen Zeitalter bist du aufgrund technologischer Fortschritte und vorhandener Infrastruktur prak-

tisch alleine und ohne fremde Hilfe überlebensfähig. Trotzdem halten sehr viele Menschen an fehlerhaften Systemen und Ideologien aufgrund von existenziellen Ängsten fest und haben nicht den Mut, diese zu hinterfragen oder unkonventionelle Wege zu beschreiten.

Wahre Liebe zwischen dir und einer anderen Person kann nur entstehen, wenn keine Trennung zwischen euch besteht. Das Ego trennt das Bewusstsein zweier Menschen und verursacht die Illusion zweier verschiedener Individuen. Dabei sind wir alle miteinander verbunden, zu einem großen Ganzen in unserem Universum. Alles ist miteinander und ineinander verflochten – alles steht in ständiger Wechselwirkung zueinander und schwingt im Einklang miteinander. Du kannst es selbst erkennen. Blicke einer Person, die du liebst, in die Augen und du wirst einen Teil von dir selbst in diesem Geschöpf erkennen – ganz egal, ob es sich dabei um deinen treuen Hund, deinen geliebten Lebenspartner oder deine Kinder handelt. Sobald das Ich aufgelöst wird und zum WIR wird, ist es Liebe. Wahre Liebe ist unendlich und stellt etwas dar, das über das eigene Ego hinausreicht.

Stell dir ein Leben vor, in dem du diese Maske von dir selbst fallen lassen und dein wahres Ich in voller Authentizität leben könntest – wäre das nicht der Weg zur absoluten und wahren Freiheit?

- Du müsstest keinen Energieaufwand mehr betreiben, um eine Maskerade aufrecht zu erhalten.

- Du müsstest keine Unwahrheiten mehr erzählen und könntest in absoluter Ehrlichkeit gegenüber dir selbst und deinen Mitmenschen leben.

- Es bestünden keine Identifikationen mit Konsumgütern, was ein Entkommen aus dem Hamsterrad der finanziellen Verbindlichkeiten zur Folge hätte.

- Einzig und allein durch dein Ego kannst du von äußeren Reizen manipuliert und „versklavt" werden.

- Dein Ego will immer „mehr" haben und alleine deshalb wirst du niemals zufrieden gestellt sein. Würdest du daraus ausbrechen, hätten sämtliche Marketingstrategien von Konsumgütern keinerlei Wirkung mehr auf dich.

Du hättest damit die Chance, dein einzigartiges Selbst zu leben und keine Kopie eines anderen Menschen zu sein. Wenn wir uns nicht mit anderen Menschen vergleichen, herrscht Zufriedenheit mit dem, was wir haben und sind. Minimalismus wäre tatsächlich möglich. Wo nichts Künstliches aufrechterhalten werden muss, da muss auch keine Energie aufgewendet werden.

Das bedeutet, ohne den dauerhaften Einfluss des Egos wäre eine deutlich effizientere Lebensweise möglich: Niemand könnte dir etwas anhaben, da du keine Angriffsfläche mehr bietest. Wenn du dein authentisches Selbst lebst, hast du nichts mehr zu verbergen, was an die Oberfläche gelangen und dich einholen könnte. Wahre Freiheit ist also durch absolute Authentizität möglich.

Du könntest sogar Abstand von Menschen nehmen, von denen du – wenn du ehrlich zu dir selbst bist – ohnehin schon weißt, dass sie nicht mit dir auf einer Wellenlänge sind. Du könntest loslassen, woran sich dein Ego klammert und mit wem es sich identifiziert.

Deiner persönlichen Entwicklung wären keinerlei Grenzen mehr gesetzt und du könntest dich frei entfalten. Wahre Liebe zu dir selbst, zur Natur, zu Tieren und deinen Mitmenschen wäre wieder möglich.

Wie meistens gibt es zu diesem Kontext jedoch eine gute und eine schlechte Nachricht. Es ist grundsätzlich möglich, sein Ego für kurze Zeit komplett aufzulösen und sozusagen den Sprung ins kalte Wasser zu wagen.

Die schlechte Nachricht lautet: Ohne dich intensiv damit zu beschäftigen, dein Ego durch Bildung und Selbstbeobachtung zu verstehen, wirst du früher oder später wieder in alte Muster zurückfallen.

Nachfolgend findest du einige Möglichkeiten, dein Ego zu durchleuchten und dich nach und nach davon zu befreien: Aneignung eines flüssigeren Selbstbildes: Hierbei arbeitest du daran, dein gefestigtes Selbstbild zu weiten. Auf diese Weise wird es dir weniger Schwierigkeiten bereiten, es vollständig zu verändern oder fallen zu lassen.

Konkret bedeutet das, dein starres Selbstbild an der einen oder anderen Stelle aufzulockern und dich für neue Erfahrungen und Erlebnisse zu öffnen. Beobachte deine Gedanken distanziert in Achtsamkeit, anstatt unmittelbar auf sie einzugehen. Übe dich darin, typische Gedankenmuster und Spiralen zu identifizieren. Verlasse bewusst die Rolle, die du bisher gespielt hast, und damit auch das stark begrenzte „Spielfeld".

Hier ein Beispiel zur Veranschaulichung:
Nehmen wir einmal an, du bist eine außerordentlich schüchterne Person. Das kann zum Beispiel daran liegen, dass dein Umfeld dich ständig kritisiert und du im Laufe der Zeit eine gewisse Angst vor Ablehnung entwickelt hast. Um dir ein flüssigeres Selbstbild anzueignen, musst du bewusst und aktiv an der Veränderung dieser Eigenschaft arbeiten. Auch wenn du dich nicht danach fühlst – verlasse deine Komfortzone. Auf diese Weise wird dir nach und nach bewusst werden, dass es an dir persönlich nichts auszusetzen gibt.

Diese Art des inneren Wachstums und das Verlassen deiner eigenen Komfortzone kannst du auf alle Lebensbereiche anwenden. Du kannst aus deinem gewohnten Umfeld ausbrechen, dich neuen Situationen aussetzen, neuen Tätigkeiten, Berufen oder Hobbys nachgehen und vieles mehr. Versuche, dabei so offen wie möglich zu sein und die Möglichkeit für Begebenheiten zuzulassen, die deinem derzeitigen Selbstbild nicht entsprechen.

Der Mensch ist nun mal ein Gewohnheitstier – folglich wird sich dein Ego aktiv dagegen wehren. Es möchte sich nicht verändern. Deshalb liegt es an dir, die Veränderung herbeizuführen und dich über Dinge hinwegzusetzen, die dein Ego zunächst als unangenehm empfindet. Mache dir diesen inneren Prozess bewusst, um Klarheit über dich selbst zu erlangen und über dich selbst hinauszuwachsen.

Mit Meditation das Ego durchleuchten:
Bei der Meditation liegt die Konzentration voll und ganz auf der Atmung oder einem anderen gewählten Objekt, das zum Fokus der Aufmerksamkeit wird – alles andere rückt so in den Hintergrund. Aufkommende Gedanken werden nur beobachtet, ohne diese zu bewerten oder sich mit ihnen zu identifizieren. Stell dir dazu einfach einen Fluss vor, vor dem du sitzt – deine Gedanken und Emotionen strömen an dir vorbei und du allein entscheidest, auf welcher Welle du reiten möchtest.

Auf diese Weise entsteht eine Distanz zwischen deinem Bewusstsein und deinem Ego (Verstand). Letzteres ist verantwortlich für die Entstehung deiner Gedanken und Emotionen. Diese Unterscheidung hat zur Folge, dass du dich nicht mehr mit deinem Ego identifizierst.

Mit etwas Übung wirst du dazu in der Lage sein, dein gesamtes Ego immer mehr zu durchleuchten und immer mehr zu dir selbst und deiner wahren Natur zu finden. Das von klein auf erschaffene Selbstbild wird immer dehnbarer, was dich dazu befähigt, dich frei zu entfalten und spirituell zu erwachen. Es liegt an dir, wie gut du die transzendentalen Erfahrungen in dein Alltagsbewusstsein integrieren und das Erlernte umsetzen kannst.

Letztlich bleibt die Hoffnung, dass es dir gelingen wird, dich vollständig von deinem Ego zu verabschieden und einer absoluten Freiheit Raum zu geben.

Der Ego-Tod:
Der Ego-Tod ist an sich ein Paradoxon. Du zerstörst dein Ich – zumindest deine illusionäre Maske (deine Persona) – und stärkst zu-

gleich dein authentisches Ich. Beim Ego-Tod löst du alles auf, was du zu sein glaubtest. Es ist die Erfahrung, sich von seinem alten Ich zu trennen – das Gefühl, die Kontrolle über sich selbst abzugeben und loszulassen. Was übrig bleibt, ist reines Bewusstsein.

Du erlebst das Gefühl von Einheit und Liebe – mit allem und jedem, als Teil eines großen Ganzen (Kollektivbewusstsein, Gott – nenne es, wie du es möchtest) verbunden zu sein. Die geschriebenen Worte sind der Erfahrung nicht wert, weshalb ich an dieser Stelle auch gar nicht versuchen werde, dies näher zu erörtern.

Wir alle werden hin und wieder von unserem Ego geleitet, sehnen uns nach Lob und Komplimenten und versuchen, Kritik fernzuhalten. Doch wenn das Ego zu mächtig wird, kann es schaden und Wege verbauen, vor allem die Entwicklung unseres authentischen Ichs genauer zu erkunden.

Es gibt viele Methoden und Tricks, um das eigene Ego zu pushen:
Viele Freunde bei Facebook, ein Extralob für eine Leistung bei der Arbeit oder ein kleiner Flirt, wenn die eigene Beziehung gerade nicht die gewünschte Erfüllung bringt. Doch diese Art der Bestätigung hat in der Regel nur eine sehr kurze Halbwertzeit. Sie schmeichelt zwar kurz dem Ego, füllt aber langfristig nicht die Leere, gegen die man innerlich ankämpft. Denn diese kleinen Ego-Booster sind nichts als Kompensationsstrategien für unerfüllte Bedürfnisse, für einen Mangel in uns selbst.

Umgekehrt kann am Ego kratzen, was das Selbstbild ins Wanken bringt. Wenn uns beispielsweise jemand sagt: „Ich hätte gar nicht gedacht, dass Sie so geizig sind" –Aussagen wie diese rufen das unangenehme Gefühl hervor, mit etwas konfrontiert zu werden, was nicht der eigenen Vorstellung von uns selbst entspricht. Das kann die Niederlage in einer Sportart sein, in der wir bisher herausragende Leistungen gezeigt haben, die Absage auf eine Bewerbung für eine Position, die wir uns selbst zugetraut haben, oder auch die Kritik für eine Aufgabe, die wir selbst als gut bewertet haben. Dann spüren wir unser Ego: Wir sind enttäuscht, frustriert und reagieren möglicherweise mit Rückzug oder vielleicht sogar einem (Gegen-)Angriff.

Wenn ein starker Fokus auf das eigene Ego also weder langfristig hilfreich noch förderlich für ein nachhaltiges Selbstwertgefühl ist, sollte man sein Ego dann nicht möglichst schnell „auflösen"?

„Das kannst du nicht, du warst noch nie ordentlich, du hast schon immer alles kaputtgemacht", kann ein falsches Bild von sich selbst entwickeln. Dieses Bild wird dann möglicherweise durch das eigene Verhalten ausgefüllt und immer wieder bedient, selbst wenn man sich eigentlich davon lösen möchte. Oder aber, man versucht, eine erneute Zuschreibung dieser Art und die damit verbundene schmerzhafte Erfahrung um jeden Preis zu vermeiden, indem man mit aller Kraft dagegen arbeitet und bemüht ist, das Gegenteil zu beweisen.

Man kann dem Ego auf die Schliche kommen, indem man sich fragt: „Worum geht es mir bei der Sache wirklich? Will ich den Job haben, weil ich denke, dass ich dort etwas bewegen kann? Dass er zu meiner Persönlichkeit passt? Dass er mein Bedürfnis nach sinnstiftender Arbeit / mehr finanzieller Freiheit / mehr Zeit für die Familie erfüllt? Oder will ich die Beförderung bekommen, um mir selbst zu beweisen, dass ich es kann? Dass ich etwas wert bin? Oder geht es vielleicht darum, dass ich hoffe, ein bestimmtes Bild von mir zu kreieren, um von anderen damit mehr Aufmerksamkeit oder Anerkennung zu erhalten? Oder liegt dahinter ein tieferer Sinn?"

Manchmal meldet sich das Ego in Form der eigenen Reaktion auf Kritik: Wer sich im Feedbackprozess schnell persönlich getroffen fühlt und Kritik nicht sachlich nehmen kann, sondern sich in seinem Selbstwert angegriffen fühlt, reagiert leicht mit Abwehr („Das habe ich nicht gemacht!") oder sogar Abwertung des Gegenübers („Der hat ja keine Ahnung!") – um seine eigene Unzulänglichkeit nicht spüren zu müssen.

Wer sich ständig mit anderen vergleicht und dabei den Anspruch hat, besser, schneller, großartiger – irgendwie besonders – sein zu müssen, könnte ein Problem mit dem Ego haben. Weil kein unabhängiger stabiler Selbstwert vorliegt, muss der Beweis für den eigenen Wert über äußere Bestätigung erfolgen. Gelingt das nicht, leidet der Selbstwert, das Ego fällt zusammen und muss künstlich aufrechterhalten werden.

Das Ego – also die eigene Vorstellung von sich selbst – zu verteidigen oder gar aufzublasen, tun wir nicht grundlos. Es ist der Versuch, sich vor der Konfrontation mit seinen eigenen Schwächen, Makeln und Unzulänglichkeiten zu schützen. Vor dem, was man an sich selbst nicht wahrhaben will, was die eigene Größenwahrnehmung angreift und unseren Selbstwert negativ beeinflussen könnte. Es dient also als eine Art „Schutz" vor unangenehmen Gefühlen. Durch ein aufgeblasenes Ego versucht man, die schmerzhaften Emotionen zu vermeiden, die entstehen können, wenn wir Rückschläge erleben, gekränkt werden oder uns nicht gesehen fühlen. Das können Scham, Frustration, Ärger oder auch Schuldgefühle sein. Und die sind manchmal, das wissen wir alle, schwer auszuhalten.

Außerdem kann ein großes Ego auch dazu dienen, sich selbst und anderen etwas zu beweisen: wer man ist, was man kann – unterm Strich, wie großartig man ist. Das brauchen vor allem Personen, die sich stark über äußere Erfolge wie Leistung, Status oder Macht definieren.

Im Versuch, das gewünschte Selbstbild zu verteidigen bzw. das Ego zu vergrößern, muss eine Person sicherstellen, unangreifbar und unerreichbar zu sein, unbeliebte Anteile zu vertuschen oder sogar Macht zu gewinnen. So sind Denken, Fühlen und Handeln im Sinne des Egoismus durch einen eitlen bzw. vergleichenden Blick nach außen gekennzeichnet, der darauf ausgerichtet ist, Kontrolle zu gewinnen oder irgendwie „besser" zu sein als andere.

Um seinen Platz zu sichern, ist man im Ego-Modus auf Kategorien von Recht und Unrecht, Macht und Ohnmacht, Dominanz und Unterwerfung, Sieg und Niederlage ausgerichtet. Das verhindert zwei Dinge: nämlich wahre Selbstanalyse und eine gedeihliche Zusammenarbeit.

Wer über ein unabhängiges, gutes Selbstwertgefühl verfügt und authentisch ist, der hat es nicht nötig, das eigene Ego aufzublasen oder sich zu rechtfertigen, zu erklären oder zu entschuldigen. Derartige Kompensationsleistungen – seien sie positiv oder negativ – sind dann nicht nötig.

Das Ego steht der eigentlichen Persönlichkeitsentwicklung, sprich der Auseinandersetzung mit dem Wesenskern und dem eigenen Wachstum, also eher im Weg.

Um sich selbst nicht der Möglichkeit zu berauben, der Mensch zu werden, der man in der besten und authentischen Version seiner selbst sein kann, sollte man einen bewussten Umgang mit ihm finden.

Wer sich selbst gut kennt und so annimmt, wie er ist, braucht sich nicht ständig um die Aufrechterhaltung oder Vergrößerung seines Egos zu bemühen. Das ist nur nötig, wenn man sich nicht traut, zu sich selbst, besonders zu den weniger glamourösen Seiten, zu stehen. Je bewusster man sich also über die eigene Persönlichkeit mit allen Anteilen ist, je authentischer man sich zeigt, desto weniger nötig hat man es, das Ego zu polieren.

Dabei kann es äußerst hilfreich sein, sich auch mal außerhalb der Rollen zu erleben, über die wir uns im gewohnten Alltag definieren: Chef, Mutter, Anwältin, Berater. Wer sich aus der Rolle seiner gewohnten Position herausbegibt und zum Beispiel etwas Neues lernt, wird dadurch automatisch wachsen. Er wird Fragen haben und vielleicht Fehler machen. Diese Erfahrungen machen uns mitfühlender und gelassener im Umgang mit anderen Menschen und letztendlich auch mit uns selbst.

Ideal ist es, jede Bewertung in Bezug auf die eigene Person einfach mal anzunehmen und Kritik nicht immer als direkten persönlichen Angriff zu sehen. Einfach auf die Sachebene konzentrieren. Dabei ist es sehr hilfreich, zwischen dem Verhalten und der eigenen Identität unterscheiden zu lernen.

Wer beispielsweise Schwierigkeiten damit hat, als Akademikerin zu akzeptieren, dass die Tochter nicht Ärztin, sondern Schreinerin werden möchte, sollte sich fragen: „Worum geht es dabei? Habe ich wirklich Zweifel, dass das der beste Weg für mein Kind sein könnte? Oder würde ich gerne bei der nächsten Einladung bei Bekannten erzählen: „Unsere Tochter studiert jetzt Medizin"?

Wenn es mal wieder darum geht, einfach nur recht zu behalten und das letzte Wort zu haben, kann es hilfreich sein, sich selbst zu hinterfragen: „Geht es mir um die Sache oder einfach darum, recht zu haben? Weiß ich es wirklich besser oder kann ich nur nicht ertragen, dass ein anderer sich besser mit dem Thema auskennt? Ist es wirklich so schlimm, dass ein Kollege mehr Anerkennung für seine Arbeit bekommt als ich? Wenn ja: warum? Welche Wunde in mir wird hier berührt?"

„Ist das Jurastudium wirklich das, was ich für den passendsten Weg zu einem erfüllten Berufsleben halte? Oder stand ‚irgendwie' schon immer fest, dass ich Rechtsanwalt werden soll (und stecken dahinter vielleicht verborgene Aufträge meiner Eltern)? Vielleicht geht es auch darum, dass ich selbst gerne von mir sagen möchte: ‚Ich bin Jurist.' Wenn das der Fall ist: Was erhoffe ich mir davon? Welche Erwartungen knüpfen sich an diese Aussage?"

Durch eine übermäßige Identifizierung mit Zuschreibungen von außen wird das Selbstbild starr, wenig flexibel, Entwicklungsräume verkleinern sich oder entstehen gar nicht erst – aufgrund der Wahrnehmung „Ich bin so und nicht anders".

Sich ehrlich mit seinem Bild von sich selbst, seinen Erwartungen und Ansprüchen zu befassen, macht uns sicherer und freier. Denn das Ego aufrechtzuerhalten, kostet Kraft. Wäre es nicht entlastend, wenn man ab und zu mal auch sagen könnte: „Das weiß ich nicht." „Das kann ich nicht." „Ich beneide dich." „Ich hätte gerne, was du hast." Wer es schafft, auch diese Anteile in sich zu integrieren, muss weniger gegen sich und andere kämpfen. Hinter dem Ego erscheint das wahre Selbst und mit ihm die Möglichkeit, das Leben noch authentischer und selbstbestimmter zu gestalten.

Nur der ehrliche Blick in den Spiegel hilft, unser wahres Selbst genauer kennenzulernen: das, was uns außerhalb von Leistung und Status ausmacht. Das eigene Selbstbild mit den vielen Fremdbildern, die einem von außen angetragen werden, abzugleichen, macht uns außerdem unabhängiger. Wer sich traut, genau hinzusehen, kann sich fragen: „Ist da was dran an der Kritik? Hat die Kollegin recht mit ihrem Einwand?" Wer sich ehrlich hinterfragt und sich traut, auch die eigenen Schwächen, Schatten und blinden Flecken zu beleuchten, macht den Weg frei für innere Entwicklung. Und dann ist es gar nicht mehr nötig, sich ein großes Ego aufzublasen – das, was dahinterliegt, ist mehr als genug.

Bedeutet das, man soll sich selbst immer zurücknehmen, sich kleinmachen, nicht über eigene Stärken sprechen? Ganz und gar nicht. Es heißt lediglich, dass man alles, was der authentischen Persönlichkeit entspricht, zeigen darf – positive wie negative Eigenschaften. Außerdem geht es darum, dass man lernt, zu reflektieren, an welcher Stelle die eigenen Handlungen vom eitlen Ego geleitet werden. „Will ich den Schritt auf der Karriereleiter gehen, weil die Art der Aufgaben und die Verantwortung, die ich dort hätte, besser zu mir und meinen Werten passen – oder geht es mir nur um den Titel und die daran geknüpfte Anerkennung von außen?" Sich Fragen wie diese zu stellen, kann dabei helfen, immer wieder auf den eigenen, ganz persönlichen Weg zu kommen. Dadurch erfährt man, dass man die Dinge nicht tut, um sich damit zu profilieren, sondern weil ein tieferer Sinn dahinterliegt. Eine gemeinsame Sache, ein größeres Ziel, für das es sich lohnt, das eigene Ego zurückzustellen.

Je nach Persönlichkeit können schon kleine Fehler oder Niederlagen das Ego treffen. Die Erkenntnis, nicht überall die Klügste, der Schnellste, die Schönste oder der Erfolgreichste zu sein, kann gehörig am eigenen Ego kratzen. Aber ist das nicht vielleicht genau das, was uns hilft, das Ego auf lange Sicht zu überwinden? Es immer wieder ankratzen zu lassen, bis das, was dahinterliegt, sichtbarer wird? Wenn wir das bewusst wahrnehmen und uns in aufrichtiger Selbstbetrachtung üben, dann erkennen wir unser wahres Ich. Mit Schwächen, Makeln, unangenehmen Anteilen, unsympathischen Eigenschaften und allem, was eben zum Menschsein dazugehört. Und werden feststellen: Wir sind trotzdem wertvoll. Wir müssen nicht perfekt sein.

Auf schmerzhafte Weise stellst du fest, wie sich gewisse Erfahrungen in deinem Leben in mehr oder weniger regelmäßigen Abständen wiederholen. Immer wieder triffst du auf die „falschen" Leute, die „falschen" Tätigkeiten, die „falschen" Situationen. Wie bei „Mensch ärgere dich nicht" landest du immer wieder am Start und findest dich in einer Endlosschleife aus wiederkehrenden Problemen wieder.

Dafür verantwortlich sind in erster Linie deine Eltern wegen deiner schweren Kindheit, die bösen Männer/Frauen in deiner Umgebung für ihre Unfähigkeit, dich zu lieben, die verblödete Gesellschaft, die Regierung und manchmal sogar Gott, dieser Spielverderber! Auch das Universum kriegt dabei sein Fett ab.

Du quälst die Welt mit Vorwürfen. Du quälst dich mit Selbstvorwürfen und/oder bist dir abermals sehr sicher, es könne nur daran liegen, dass du einfach vom Pech verfolgt wirst und einfach gewisse Dinge im Leben gar nicht verdient hast. Sonst gäbe es die Wiederholung in der Schleife ja nicht. „Schlechtes Karma!", denkst du dann, weil das irgendwie bequem ist, frustriert dich allerdings innerlich dermaßen, bis du letztlich die ganze Welt hasst. Vor allem aber hasst du dich selbst und dein ganzes „beschissenes" Leben, weil du glaubst, du kämst da nicht raus. Es würde sich nie etwas ändern.

Und beinahe hast du damit sogar recht. Aber eben nur beinahe! Weil du zwar die Schleife, die repetitive Problematik, den sich daraus ergebenden Schmerz und den bitteren Verlust, aber nicht die wahre Ursache erkennst. Du bastelst oberflächlich an ein paar Verhaltensmustern, schraubst ein wenig im Außen rum, wechselst den Partner, die Wohnung, den Job, den Freundeskreis, die Hobbys, den Friseur. Und wenn du ganz gut drauf bist, stülpst du ein paar positive Affirmationen über die alten Gedankenmuster, weil man die dann eine Weile nicht ansehen muss. Das klappt gewisse Zeit. Es scheint endlich gelöst zu sein. Doch das ist es nicht, wie du ernüchtert feststellen musst. Du stehst schon wieder vor demselben Scherbenhaufen. Diesmal mit einem anderen Partner, in einer anderen Wohnung, in einem anderen Job, in einem anderen Freundeskreis, mit anderen Hobbys und einem anderen Friseur.

Du hast doch alles verändert, oder etwa nicht?
Nein, hast du nicht. Du hast in Wahrheit gar nichts verändert. Du hast bloß so getan als ob, indem du den alten Rost mit bunter Farbe übermalt, derselben Bruchbude in deinem Innersten eine neue Fassade verpasst und deinem eigentlichen Problem eine neue Spielwiese geschenkt hast. Das ist alles, was du getan hast. Du hast es in dem Glauben getan, du kämst damit davon.

Wenn du aus dieser Endlosschleife raus willst, dann musst du aus der Tiefe deines Herzens dazu bereit sein, dein altes Ich zu beerdigen. Du musst so sehr von diesem Ich genug haben, es muss dir so sehr im Herzen wehtun, dass du glaubst, wahnsinnig zu werden, wenn du es nicht endlich sterben lässt. Es reicht nicht, ein bisschen genug von dir und deinem alten Ich zu haben. Du musst die Schnauze voll davon haben. Und zwar so intensiv wie von deinen Expartnern, als du sie verlassen hast, weil du sicher warst, es geht keine Minute länger. Denn erst dann erkennst du, wo der Hund begraben liegt: in dir selbst und nur da!

Höre mit aller Entschiedenheit auf, dich selbst zu bedauern und über deine schlimme Kindheit, die schlechten Partner, die böse Gesellschaft, die miese Politik und all die sonstigen Verletzungen in deiner Seele zu klagen. Deine Seele ist nicht verletzt! Die kann gar nicht verletzt werden, weil sie unsterblich, ewig und göttlich ist. Was ständig jammert und alle Verantwortung von sich weisen möchte, das ist dein Ego. Ja, genau das wurde getroffen. Das ist im Stolz und seiner eingebildeten Erhabenheit tief gekränkt und fühlt sich ungeliebt und ungerecht behandelt. Nicht aber deine

Seele. Deine Seele blieb bei all dem heil und unberührt. Sie ist bloß darüber verwundert, wie lange du freiwillig mit dem Kopf an die Wand rennst, wo doch einen Schritt seitwärts oder rückwärts ein offenes Tor wartet, durch das du gehen könntest, um frei zu sein. Es schreit nach dir und spiegelt die Wahrheit. Und diese kommt als Stimme eines Freundes, eines Partners oder als Artikel im Internet. Du aber rennst blind immer wieder gegen dieselbe Wand deiner eigenen Wahl. Und tust dir dabei unsagbar selbst weh.

Es sind deine alten Gedankenmuster, deine alten, eingeübten Verhaltensweisen, deine Vorurteile und deine Urteile über dich und andere, die dich in eine schier endlose Schleife aus Problemen und Schmerzerfahrungen versetzt haben. Du bist es selbst, der für diese Schleife verantwortlich ist, nicht deine Eltern, deine Partner, Freunde, Kollegen oder gar Gott und die Gesellschaft. Du allein bist es, der dich da reingebracht hat. Dafür musst du nun den Kopf hinhalten. Und das funktioniert nur, wenn du davon restlos genug hast. Oftmals ist es sogar nötig, alles zu verlieren. Bis du komplett zusammenbrichst. Bis du lieber tot wärst. Aber das ist und bleibt wohl immer das Worst-Case-Szenario. Und du kannst es vermeiden. Aber du wirst keinesfalls daran vorbeikommen, endlich die volle Verantwortung für dich selbst zu übernehmen, indem du erkennst, dass du tief in dir ansetzen musst, damit sich im Außen etwas verändern kann.

Begreife, dass du nicht der bist, der „ich" sagt. Du bist das, was hinter diesem Ich lebt. Und nur du kannst dieses Ich ändern, niemand sonst. Kein Therapeut, kein Coach und auch kein Wunderheiler. Nur du allein kannst das. Gewiss können dir Profis dabei helfen, aber ändern musst du es letztlich trotzdem selbst. Nicht die Welt muss sich ändern. Du musst dich ändern. Und solange dir das nicht zum brennendsten Wunsch wird, wirst du nicht aus der Schleife entkommen können.

Du kannst nicht immer dasselbe denken, dasselbe tun, derselbe sein, aber auf ein anderes Ergebnis hoffen. Beginne mit wirklicher Veränderung.

Wenn du wirklich etwas ändern willst, dann lüge dir nicht selbst in die Tasche, indem du dich durch oberflächliche Gedanken neu zu definieren versuchst. Blicke ganz tief in dich hinein. Schau dir den ganzen Unrat und Müll an, den du da angesammelt hast, der nun dein Weltbild und somit auch deine Erfahrungen von der Welt und den Menschen ausmacht. Erkenne, wie du voller Angst, voller Zweifel, voller Misstrauen, voller Eifersucht, Missgunst und Neid bist. Wenn du bis in die tiefsten Tiefen hinab möchtest, suche dir professionelle Hilfe.

Schaue dich selbst ganz genau an und akzeptiere: All das bin ich. Und dann vergib dir dafür. Vergib aber auch allen anderen. Denn das ist der wichtigere Schritt! Entlasse die kleinen Teufel deines Lebens aus deinem Innersten, denn sie sind nicht böse. Du hast sie als „die Bösen" deklariert. Darum erscheinen sie dir auch als solche. In Wahrheit sind es vielmehr hilfreiche Engel, die dich genau an den Punkt deines Lebens katapultiert haben, der dich dies nun alles erkennen lässt, damit du es auflösen kannst. Danke ihnen dafür, indem du ihnen vollends vergibst. Und dann danke dir selbst, indem du dir selbst vollends vergibst.

Erkläre dich bereit, dein altes Ich ohne Wenn und Aber zu beerdigen. Willige vollkommen in diesen Tod ein. Gib dich ihm hin und verbrenne in deiner größten Angst. Auch dieser gib dich total hin, indem du dich ihr vollkommen auslieferst. Diesmal jedoch ohne sie verdrängen zu wollen. Im Feuer deiner größten Angst wird das alte Ich sterben. Und aus seiner Asche wirst du hervorgehen als das Neue, das du nun bist. Da wird großer Schmerz sein. Es kann Wochen oder Monate dauern, bis du neu geworden bist. Aber du wirst niemals aus der Endlosschleife aussteigen können, solange du der bleibst, der du jetzt bist. Deshalb sei bereit, innerlich zu sterben. Du kannst sonst nicht neu geboren werden. Auf andere Weise kannst du niemals ein neues Leben beginnen. Solange der kleine Tyrann in dir überlebt, der dein altes Leben erschaffen hat, wirst du auch sein Leben führen müssen. Das sollte dir jetzt klar sein.

Liebe dich für deinen Mut, das erste Mal in deinem Leben wirklich, wirklich bereit zu sein, nicht mehr vor dir selbst zu flüchten. Liebe dich dafür, das erste Mal in deinem Leben der Verantwortung für absolut alles entgegenzutreten. Liebe dich jetzt schon dafür, dich in Zukunft wirklich lieben zu wollen. Liebe dich dafür, all die Fehler gemacht zu haben, um diese Lektion an diesem Tage zu dieser Stunde für dich zu erkennen, zu akzeptieren und ein für alle Mal zu lernen. Sei der Phönix und sei dein eigenes Feuer der Läuterung, in welches du dich aus Liebe zu dir selbst stürzt, um darin zu verbrennen und neu daraus hervorzugehen.

Denke an das, was Johannes der Täufer einst sagte: „Bevor sich Königreiche ändern, müssen sich erst die Herzen ändern!"

Wenn du dein Königreich (dein Innerstes respektive dein Äußeres) ändern willst, dann muss sich erst dein Herz ändern. Lass es sterben, das alte Herz deines unbrauchbar gewordenen Ichs – es wird daraus ein neues, viel schöneres, glücklicheres geboren.

Alles beginnt mit dem ersten Schritt. Wenn du haben möchtest, was du noch nie gehabt hast, musst du tun, was du noch nie getan hast.

Es ist ein Paradoxon des Lebens: Der Mensch wünscht sich eine Verbesserung seines Lebens. Dabei sollte aber tunlichst alles so bleiben, wie es ist. Jeder möchte glücklich sein, dafür aber nichts tun müssen. Darum sterben die meisten Menschen, ohne jemals ihre Träume verwirklicht zu haben, obwohl sie unzählige Chancen zu echter Veränderung bekommen haben. Den Preis der Wandlung wollen sie jedoch nicht in Kauf nehmen, also bleiben sie lieber da, wo sie immer schon waren, taten das, was sie immer schon taten, und begnügten sich mit dem, was sie bereits kannten: der Endlosschleife!

Alles, was du brauchst, um zu verstehen, was um dich herum vor sich geht, ist bereits in dir selbst. Die Gründe, warum manche

Dinge funktionieren, die verschiedenen Beziehungen, die wir zu anderen aufbauen; die Ursache für das, was wir nicht tun oder nicht versuchen. Alles hat eine Erklärung, und diese ist nur in uns selbst zu finden. Wir müssen dazu nicht erst im Außen suchen, denn das ist reine Zeitverschwendung.

Was tief in dir verborgen ist, ist dein inneres Universum, das es erst zu entdecken gilt. Du kannst es erst erfahren, wenn du mit dem Raum in dir in Kontakt trittst, der frei von Gedanken ist. Frei von den Fesseln des Verstandes und dem Lärm, den du in dir spürst, der durch die endlose Schleife von Bildern und Emotionen entsteht, die sich in jedem von uns wiederholen und die auch dich schließlich, ohne dass du es willst oder weißt, dazu bringen, dich wie ein Roboter zu verhalten.

Wenn du diesen Raum kontrollierst, bist du derjenige, der entscheidet, was diesen Raum besetzen darf: die Art der Gedanken und Gefühle, die auftauchen sollen, die Reihenfolge, in der sie auftauchen sollen, wie lange sie dort bleiben sollen, wann sie abgeschwächt werden sollen, damit andere Elemente erscheinen können.

Alles beginnt an diesem Punkt, an dem es nur eine tiefe Leere gibt, einen Raum, der in diesen Momenten nicht von einem Gedanken oder einem bestimmten Gefühl besetzt ist. Wenn du dich in dieser Situation befindest, weißt du es sofort und erkennst, dass es sich um eine andere Dimension in deinem Inneren handelt, die sich von der üblichen Dimension unterscheidet, in der du normalerweise in deinem Lebensalltag funktionierst.

Es ist dann so, als wärst du jenseits von Raum und Zeit, weit weg von jeder Form des Denkens.

KAPITEL 7

Erkenne dich (als) Selbst!

Das Licht der Morgenröte unserer europäischen Zivilisation erreichte zuerst Griechenland vor mehr als 2500 Jahren. Die Götterwelt im Olymp bescherte der griechischen Kultur besondere Fortschritte in Wissenschaft, Kunst, Politik und Philosophie, sodass vieles, was die anderen Europäer Jahrhunderte lang machten, nur Fußnoten im großen Buch der griechischen Errungenschaften waren.

Unter den Erben griechischer Zivilisation blieb die Erinnerung an Apollos Tempel in Delphi und eine in Stein gemeißelte Inschrift an seinem Eingang. Diese ruft nach dem Blick in die Tiefen unseres Wesens und weckt gleichzeitig Hoffnung und Unsicherheit – Gnothi seauton – „Erkenne dich selbst!" Diese Worte soll Sokrates seinerzeit den Athenern täglich zugerufen haben. Mit der Aufdeckung ihres Nichtwissens will er die Menschen zur Selbstprüfung und Selbsteinkehr bewegen. Diese Worte sind auch eine von jenen Brücken zwischen der sogenannten paganen und der christlichen Religion. Der christliche Gott definiert sich selbst als „Ich bin der, der ich bin" – also ich bin der, der weiß, wer er ist. Somit ist auch Selbsterkenntnis für die Christen ein Weg zu Gott.

Die Bedeutung von „Erkenne dich selbst" liegt in der Aufforderung zur Selbsterkenntnis. Es scheint zunächst nicht mehr als eine Einladung zu sein, in sich selbst hineinzuschauen, die eigene Natur, Motivationen, Stärken, Schwächen und Überzeugungen zu verstehen. Hinter diesem auf den ersten Blick doch recht einfach scheinenden Konzept verbergen sich allerdings sowohl philosophische als auch praktische Dimensionen.

Im philosophischen Kontext lädt „Erkenne dich selbst" dazu ein, über die Natur des Menschen nachzudenken. Es stellt die

Frage, ob wir uns als Individuen wirklich verstehen und unsere tiefsten Wünsche, Handlungen und Absichten kennen. Diese Selbsterkenntnis ermöglicht ein tieferes Verständnis der Welt um uns herum.

In einem praktischeren Sinne fordert „Erkenne dich selbst" dazu auf, bewusster durch das Leben zu gehen. Indem man seine eigenen Stärken und Schwächen kennt, kann man seine Handlungen besser steuern und besser fundierte Entscheidungen treffen. Es ermöglicht auch, persönliche Beziehungen zu verbessern und effektiver mit den Herausforderungen des Lebens umzugehen.

Selbsterkenntnis ist der Schlüssel für jede Art von persönlicher Entwicklung. Wenn man seine eigenen Eigenschaften, Wünsche und Überzeugungen kennt, kann man bewusst an sich arbeiten und persönliche Ziele setzen, um ein erfüllteres Leben zu führen. Wie der antike Philosoph Sokrates betonte: „Ein ungeprüftes Leben ist nicht lebenswert."

Ein tiefes Verständnis für sich selbst ermöglicht auch eine bessere Kommunikation mit anderen. Wenn man weiß, wer man ist und was man will, kann man klarer kommunizieren, Bedürfnisse ausdrücken und konstruktive Gespräche führen.

Selbsterkenntnis hilft zudem bei der Stressbewältigung, da man lernt, die eigenen Reaktionen auf stressige Situationen zu verstehen und besser zu regulieren. Dadurch entsteht ein höheres Maß an innerem Frieden und Wohlbefinden.

Den ältesten nachweisbaren Beleg für die Bedeutung von Selbsterkenntnis in Griechenland bietet bis heute das Orakel zu Delphi. Klassische Autoren fanden in dem „Erkenne dich selbst" ursprünglich einen wesentlichen Aspekt, wenn nicht sogar den Kernpunkt einer delphischen Moral, und versuchten, die Wurzeln dafür in den ältesten Belegen griechischer Literatur zu entdecken. Nach einer anderen Interpretation stellten die Sprüche lediglich Anweisungen für die Besucher des Orakels dar, die zuerst befolgt werden mussten, bevor das Orakel überhaupt befragt werden durfte. Andere Interpretationsversuche sehen den Ursprung ganz lapidar darin, dass darin möglicherweise weitverbreitete Volksweisheiten ihren Niederschlag gefunden haben könnten.

Da uns die ursprüngliche Bedeutung nicht mehr zugänglich ist, weil es keine aussagekräftigen Belege gibt, erweist es sich als nützlich, die verschiedenen Auslegungen zu erwähnen, die von diesem Spruch entwickelt worden sind.

Drei beziehen sich auf das Individuum und haben, obwohl sie spät belegt sind, den Vorteil von Klarheit und Präzision.

1. Erkenne deine Fähigkeit, deine Lage.
2. Erkenne das dir eigentümliche Gute und agiere dementsprechend.
3. Erkenne, dass du eine unsterbliche Seele hast.

Sämtliche Belege für diese drei Varianten kommen aus späteren Quellen unterschiedlicher Epochen. Unabhängig davon dürfen wir heute nicht davon ausgehen, dass die Inhalte selbst aus unterschiedlichen Epochen stammen.

Die erste Deutung konzentriert sich auf die externen Bedingungen einer Handlung, auf die praktische Situation in ihren relativ einfach zugänglichen Konturen. Sich-selbst-Erkennen bedeutet hier, zu erkennen, was man unter bestimmten Umständen tun kann.

Die zweite Bedeutung beinhaltet eine Aufmunterung zu einer besseren Erkenntnis des eigenen Selbst, insofern sie für die Erkenntnis des eigenen Guten nötig ist. Also bedeutet Selbsterkenntnis, zu erkennen, wofür man geeignet ist. Dabei spielt es natürlich eine wesentliche Rolle, zu wissen, was unter „das eigene Gute" zu verstehen ist.

Der dritten Variante zufolge bedeutet der Spruch eine bestimmte philosophische Erkenntnis, nämlich die Erkenntnis des „wirklichen Selbst". Das heißt allerdings nicht, dass es sich dabei um eine rein theoretische Einstellung handelt, denn das beanspruchte Wissen hat eine starke Wirkung auf die konkrete Praxis. Bei den drei Bedeutungen geht es um ein praktisches

Wissen, insofern eine Orientierung für das praktische Leben gemeint ist.

Für die vierte Variante gibt es sogar antike Zeugnisse. Es handelt sich dabei um die Verbindung des „Erkenne dich selbst" mit der natürlichen Begrenztheit des Menschen, die in der Dichtung der archaischen und klassischen Zeit überall zu finden ist. Diese Verbindung drückt sich in unterschiedlichen Formen aus, sei es mit der Betonung des Unterschieds zwischen Menschen und Göttern, sei es durch eine Mahnung, die eigene Sterblichkeit zu erkennen oder die Selbstüberschätzung zu vermeiden.

Bedeutung bei den Klassikern:
Schau in DICH.
Schau um DICH.
Schau über DICH.

Moderne Auslegung:
Erkenne dich SELBST.
Veredle dich SELBST.
Beherrsche dich SELBST.

Bewahre und kultiviere dein wahres ICH-SELBST, indem du dich selbst beobachtest und bewusst dein Denken, Fühlen und Handeln überwachst.

Mensch – werde, der du bist!
Das ist eine der großen Aufgaben des spirituellen Lebens.

Mit **Immanuel Kant**, dem „Kopernikus der Philosophie", wurde klar, dass unsere philosophische Einstellung zur äußeren Welt nichts anderes als Selbsterkenntnis sein kann. Er zeigte uns, dass das, was erkannt wird, von dem, der es erkennt, zwangsläufig abhängt. Das heißt, dass der Erkennende das Erkannte für sich modelliert. **Die Wirklichkeit an sich kann also nicht erkannt werden, sondern wir erkennen nur ihre Erscheinungen in der Form, in der sie für uns wahrnehmbar ist.**

Die Welt um uns ist folglich Teil unseres Bewusstseins und ganz allein nur für dieses präsent. Wir erleben die Welt also nur als unsere persönliche Vorstellung. Wie sie objektiv ist, bleibt für uns nicht einmal wahrnehmbar.

Wir sind diejenigen, die dieser Welt Ordnung beibringen wollen und ihr Eigenschaften zuschreiben, die sie haben sollte – und zwar durch unsere Sinne und unsere Vernunft. Damit ist unsere Selbsterkenntnis auch die Erkenntnis unserer Welt, weil wir diese Welt um uns konstruiert haben. Somit ist der „Blick nach innen" automatisch auch „nach außen" gerichtet. Wir versuchen damit, durch Selbsterkenntnis auch viel von unserer Welt um uns zu erfahren und darüber, nach welchen Prinzipien wir diese Welt geschaffen haben.

Laut Kant können wir nicht über Noumenon (das Ding an sich) reden, sondern nur über seine Erscheinung FÜR MICH und seine Wirkung auf unsere Sinnesorgane und auf unsere Vernunft. In diesen zwei Wörtern – FÜR MICH – spiegelt sich das ursprüngliche freimaurerische Prinzip der Toleranz wider, mithilfe dessen man seine Vorstellung von der Welt erkennen und andere „Wahrheiten" tolerieren kann. Eine der Haupteigenschaften eines intelligenten Wesens ist, dass es respektiert, dass es auch eine andere Logik und Wirklichkeitserscheinung außer der eigenen geben kann. Somit ist ein Buch interessant, ein Wein zu jung, eine Meinung falsch – aber eben nur FÜR MICH! Ganz gleich, wovon wir auch sprechen, wir sprechen immer über uns und von uns selbst, von unseren Wahrnehmungen und unserer persönlichen Einschätzung dieser Wahrnehmungen.

Durch Selbsterkenntnis bilden wir unsere Persönlichkeit, weil alles, was für einen Menschen existiert, unmittelbar in seinem Bewusstsein und nur für dieses geschieht. Und logischerweise ist die Konstitution des Bewusstseins die wichtigste Sache für einen Menschen.

Nach Schopenhauer hat der Einblick in das eigene Wollen (Selbsterkenntnis), die Erfahrung unserer inneren Potenziale und Defizite, höchste Wichtigkeit, da man nur so das Leben gezielt gestalten und Entscheidungen für sich richtig treffen kann. „Ein Mensch muss wissen, was er will, und wissen, was er kann. Erst so wird er Charakter zeigen und erst dann kann er etwas Rechtes vollbringen." Damit haben wir die Freiheit, zu entscheiden, weil wir nur dann frei sind, wenn wir uns selbst erforscht und unsere Fähigkeiten erkannt haben. Werde, wer du bist!

Viele andere Philosophen haben sich mit unserem Selbst beschäftigt, darunter auch Baruch de Spinoza. Für den Gelehrten war „Passivität der Leidenschaften" die Sklaverei der Menschen, „Aktivität des Geistes" die Freiheit der Menschen. Freiheit sei nicht nur Unabhängigkeit von Leidenschaften, sondern auch Unabhängigkeit von Unordnung und Unvollkommenheit. „Die einzelnen Leidenschaften haben die Eigenart, dass jede für sich nach vollkommener Befriedigung strebt, ohne Rücksicht auf die anderen und auf das Wohl der ganzen Person."

Genau darauf stützt sich die moderne Psychologie. Denn erst, wenn wir erkannt haben, welche Leidenschaften und Emotionen uns führen und somit „Kontrolle" über uns haben, wenn wir diese für uns selbst definiert und damit transparent gemacht haben und nicht mehr als dunkle Kräfte unseres Selbst betrachten, dann besteht die Möglichkeit für eine Harmonisierung der Persönlichkeit. Das heißt, dass die Vernunft mit einzelnen „Leidenschaften, die untrennbar von unserer Persönlichkeit sind, im Gleichgewicht steht, was Einklang mit uns selbst und unserer Umgebung ermöglicht."

Spinoza hat gut erkannt, dass nicht nur, „ach, zwei Seelen in einer Brust wohnen". Heutzutage spricht man von mehreren „Selbstbildern" oder „Teilpersönlichkeiten". Die Psychologen reden von „metaphorischen Persönlichkeiten", von denen jede einzelne eine spezifische Funktion und Rolle in unserem Selbst hat, zum Beispiel der „Ängstliche", der „Don Juan", der „eingebildete Kranke" oder der „Fröhliche" in uns. Diese kooperieren miteinander, kämpfen um die wichtigsten Plätze auf der Bühne unserer Persönlichkeit oder befinden sich manchmal in einem jahrelangen Konflikt. Die Besetzung der inneren Bühne ist bei jedem von uns anders, und ihre gemeinsame Artikulation bildet den Grund für unsere Person. Nur wenn Transparenz der „inneren Verhältnisse" herrscht und eine gegenseitige Mitarbeit der „Teilpersönlichkeiten" mit unserer Vernunft und untereinander stattfindet, ist der Weg zum inneren Gleichgewicht frei.

Die menschliche Seele beherrscht man nicht mit Gewalt, sondern mit Verständnis und Liebe, und das gilt auch für „Teilpersönlichkeiten" oder „Leidenschaften". Jede Unterdrückung und Negierung kann zu einem Pendel-Effekt führen, sodass diese Überhand über uns gewinnen und stärker als früher sind. Wenn zum Beispiel die Existenz eines „Zornigen" in uns lange unterdrückt wird, kommt „er" manchmal mit ungeahnter Kraft und im unpassendsten Moment an die Oberfläche unserer Persönlichkeit. Diese verschiedenen „Selbstbilder" sind Teile unserer Persönlichkeit, mit denen wir leben und die wir in uns respektieren sollen, wenn auch nicht deren Extremerscheinungen. Definierte und akzeptierte „Leidenschaften", entledigt von ihren Extremen, werden wichtige Partner unseres Verstands bei der Vervollkommnung unserer Persönlichkeit.

So wichtig die Existenz unserer Emotionen und unserer „Selbstbilder" für eine gesunde Persönlichkeit auch ist, genauso wichtig sind auch deren Erkennen und deren gegenseitige Kooperation sowie die Zusammenarbeit mit der Vernunft. Die alltäglichen Rituale im Sinne von wiederholten Umgangsmustern, die wir in Beziehungen mit unseren Mitmenschen benutzen, bieten uns oft Gewissheit der erwartbaren Reaktion des anderen, obwohl uns unsere Vernunft manchmal später erinnert, dass wir das auch hätten anders machen können. Denn die Sicherheit der Gewissheit ist nicht immer in unserem Sinne und deswegen brauchen wir eine entsprechende Motivation und den Willen zur Veränderung, ganz besonders nach einer für uns inakzeptablen Situation. Das Erkennen des „Teams auf der Bühne unserer Persönlichkeit" und die adäquate Anpassung an eine Situation ermöglichen unsere Harmonisierung mit der Umgebung. Das ist selbstverständlich eine mehr als vereinfachte Version des faszinierenden Komplexes unserer Psyche.

Aber – und das ist ein gewichtiges Aber – kann ein Mensch sich überhaupt selbst erkennen? Der „Philosoph" in mir sagt Nein, der „Psychologe" und „Jurist" in mir wünschen sich ein deutliches Ja. Und damit kommen wir zum eigentlichen Problem: Der Mensch an sich kann sich de facto nicht erkennen, weil all das, was wir erleben, nur eine Erscheinung von uns ist, die unsere Empfindungen und unser Verstand konstruiert haben. Aber – und auch das ist ein bedeutendes Aber – was wir erkennen können, ist unsere Vorstellung von uns selbst, von unserer Welt und wie und nach welchen Prinzipien wir diese in uns geschaffen haben.

Der Stein der Weisen entsteht in der Hand von jedem von uns fast täglich aufs Neue und nur in der für uns charakteristischen Weise. Er liegt in unserer Hand und dort gehört er auch hin, um täglich von uns bearbeitet zu werden, da unser Selbst unser eigener Stein der Weisen ist.

Wir alle haben in unterschiedlichem Ausmaß die Möglichkeiten der Selbstreflexion, Kontemplation und viele andere Werkzeuge, die jeder von uns auf dem Weg der Selbsterkenntnis und Erkenntnis unserer Welt benutzen kann, aber jeder von uns entscheidet für sich, wie und wann er sie im täglichen Leben verwenden wird. Und mit dem Licht, das uns am Anfang gegeben wurde, können wir viel in uns selbst beleuchten und dieses Licht wird dann auch die Schatten in uns selbst erleuchten und die Welt um uns heller machen.

Erkenne dich SELBST.
beherrsche dich SELBST.
vervollkommne dich SELBST.
harmonisiere dich SELBST.

Mensch – sei und werde, der du bist!

Das ist eine der großen Aufgaben des spirituellen Lebens.

Immer mehr Menschen beschäftigen sich mit dem Thema Bewusstsein. Wieso? Wir leben in einer Zeit, in der die Menschheit zunehmend zu Getriebenen ihrer Umwelt werden. Getrieben von immer mehr Leistungsdruck, Existenzängsten, Zeitmangel und Vereinsamung. Sie sind sich dessen meist nicht bewusst oder können einfach nicht umdenken. Aber wenn wir erkennen, dass unser Bewusstsein unsere Realität, also unser Leben, beeinflusst, dann können wir dies ändern. Viele Menschen haben sich bereits auf den Weg gemacht und wollen mehr über die Funktionsweise unseres Bewusstseins erfahren. Denn wenn wir diese verstehen, dann können wir unser Leben positiv beeinflussen und werden selbst Schöpfer unserer Realität.

Die Wissenschaft forscht mit Hochdruck daran, das Bewusstsein zu ergründen. Aber hier müssen wir kritisch hinterfragen. Wie arbeitet unsere Wissenschaft? Wo sind ihre Grenzen? Baut die Wissenschaft ihre Erkenntnisse nicht vorwiegend auf Dogmen, also Glaubenssätze auf? Wird sie dadurch zu einer Art neuen Religion?

Der britische Biologe Dr. Rupert Sheldrake, hat sich intensiv mit diesem Thema auseinandergesetzt und gilt als Entdecker der morphogenetischen Felder.

Das morphische Feld (auch morphogenetisches Feld genannt) spannt sich in unsichtbaren Netzen um unsere wunderbare Erde und bildet ein weltweites Bewusstseinsfeld. Dort sind alle Informationen gespeichert, die wir selbst und andere in dieses Feld geben. Bewusst und auch unbewusst werden Informationen von uns aufgenommen und nehmen Einfluss.

Rupert Sheldrake entlarvt die „selbstverständlichen" Gewissheiten in all ihrer Unzulänglichkeit. Diese widersprechen zunehmend neuen und neuesten Erkenntnissen und Theorien der Wissenschaft selbst – die dennoch von ihrer materialistischen Basis noch immer nicht lassen will. Seit der Erschütterung durch die Quantentheorie mehren sich in Physik, Biologie, Medizin und Kosmologie eher die Rätsel als die Gewissheiten.

Und jeder kann das morphische Feld für sich nutzen. Durch Informationen, die über das morphische Feld gefunden werden können, finden sich Lösungen und Antworten zu den unterschiedlichsten Themen. Beim Lesen im morphischen Feld unterscheidet man verschiedene Ebenen:

Es gibt die persönlichen Felder.
Diese werden geprägt durch die Person, zu der sie gehören. Alles, was mit einem Einzelnen in Resonanz ist, prägt entsprechend die Person und auch das Umfeld.

Ortsfelder werden durch alle Ereignisse des Ortes geformt.

Dann gibt es noch verschiedene Bewusstseins- und Wissensfelder und eine Vielzahl von künstlichen Feldern, darunter auch die bekannte **Akasha-Chronik**. Alle Felder zusammen bilden sodann das Weltengedächtnis.

Jeder hat einen sechsten Sinn. Das Lesen im morphischen Feld ist eine Methode, wie man seinen sechsten Sinn aktivieren und stärken kann.

Sheldrake beschreibt es als Energiefeld, das alles umgibt und alles Bewusstsein miteinander verbindet. Wie ein Gedächtnis, in dem alle Informationen gespeichert sind, die im Universum vorhanden sind. Dieses Feld ermöglicht eine Verbindung zwischen Menschen, Tieren und allem, was existiert. Wir haben die Fähigkeit, dieses Feld „anzuzapfen" und Informationen zu erhalten – zu allen Themen. Die Antworten kommen in Form von Bildern, Worten und Empfindungen. Das ist das Lesen im morphischen Feld.

Wir alle haben einen sechsten Sinn, den wir nutzen können, um zum Beispiel:

- Entscheidungen leichter treffen zu können
- Probleme zu lösen
- entspannt die nächsten Schritte zu planen
- andere Menschen gut einschätzen zu können
- unsere Berufung zu finden und zu leben
- unsere eigene Wahrheit zu leben

Wenn du diese weise Quelle anzapfen könntest, was würdest du wissen wollen?
Vielleicht „Wie komme ich zu Erfolg?" oder „Wie kann ich die Blockade lösen?" oder „Was ist meine Berufung?".

Das Lesen im Feld führt dich sehr schnell zur Ursache deines Problems und zeigt dir Informationen über die beste Lösung.

Wie bei jeder Sitzung ist eine gute Vorbereitung das A und O für eine erfolgreiche Lesung. Am besten empfängst du die Informationen, wenn du ganz entspannt und gleichzeitig aufmerksam bist.

Dazu eine kleine Übung mit zwei Teilnehmern zur Einstimmung. Eine Person stellt die Fragen an das Feld, die andere Person empfängt die Antworten aus dem Feld.

1. Konzentriere dich auf deinen Scheitel, atme ein und stelle dir vor, wie du Ruhe und Gelassenheit einatmest.

2. Konzentriere dich dann auf deinen Bauchnabel und stelle dir vor, wie du alles Belastende ausatmest.

3. Das machst du für ein bis zwei Minuten.

4. Nimm sodann eine bequeme Sitzhaltung ein mit offenen Handflächen nach oben.

5. Zu Anfang ist es so leichter, zu empfangen.

6. Stelle dir vor, wie deine Füße fest mit dem Mittelpunkt der Erde verbunden sind.

7. Als Nächstes spüre dein Herz. Das geht ganz einfach, indem du laut seufzt.

8. So bist du sofort im Herzen. Atme jetzt entspannt durch dein Herz ein und aus und verbinde dich mit einem Gefühl

der Freude für irgendwas oder irgendjemanden. Mache es dir einfach. Was magst du gerne? Bleibe für einen Moment in diesem guten Gefühl.

9. Stelle dir jetzt einen Trichter in deinem Kopf vor, der nach oben offen ist und dich mit dem Universum verbindet. Sage laut: „Ich verbinde mich mit dem Feld."

Wenn du als Empfänger soweit bist, kann der Fragesteller mit seinen Fragen beginnen.

Deine Aufgabe als Leser ist es, spontan auf die Fragen zu antworten. Die Informationen kommen als Bild, als Wort oder als Empfindung. Wichtig ist, nicht zu bewerten oder zu analysieren. Sprich deine Eindrücke laut aus, ohne lange nachzudenken. Der erste Eindruck zählt und ist meistens der richtige.

Wenn du fertig bist, trenne die Verbindung, indem du es laut aussprichst und deine Hände und Beine kräftig ausschüttelst.

Die Antworten sind immer nur Momentaufnahmen und du bekommst nur die Informationen, die der Fragende auch verkraften kann.

Wenn wir heute einen Blick auf die Oberfläche des Globus werfen, dann sehen wir, dass in den letzten Jahrzehnten, noch mehr in den letzten Jahrhunderten, große Fortschritte gemacht worden sind. Der Mensch ist vorangeschritten. Er hat neue Ressourcen entdeckt. Er hat mehr Dinge über die Erde erfahren als jemals zuvor. Durch seine wissenschaftliche Erkenntnis hat er Werkzeuge gebaut und Maschinen entwickelt, die man früher gar nicht für möglich gehalten hätte, großartige Instrumente, mit denen er sich weiterentwickeln konnte.

Aber die uralte Aussage „Erkenne dich selbst" ist heute genauso wichtig wie früher. Großartig ist das, was auf dem Gebiet der Physik, der Biologie, der Mechanik, Ingenieurskunde, Elektronik, u. s. w. erreicht worden ist. Noch größer wird die Herrschaft, die der Mensch über noch mehr Dinge auf dieser Welt erreicht. Immer größer werden auch die Bequemlichkeiten und die Genussmöglichkeiten des Menschen.

Es mag sein, dass solche Fortschritte vieles erreicht haben, aber trotzdem bleibt die wichtige Aufgabe: „Erkenne dich selbst." Wir können etwas tiefer blicken und sehen, was die Menschheit so alles macht. Wir sehen Massen von Menschen in verschiedenen Teilen der Welt, die vielleicht ihr materielles Wohlergehen verbessert haben. Aber sie haben kaum Verbesserungen in innerer Überzeugung und Friedenskraft erreicht. Sie sind nicht zufriedener geworden. Der Mensch ist vorangeschritten im Materiellen, aber nicht in Zufriedenheit und Freude. Sicherlich ist das Organisationstalent des Menschen vorangeschritten. Die Wissenschaft und Technik sind vorangeschritten, aber warum ist die Freude im Leben nicht mehr geworden?

Es gibt große Unterschiede zwischen den Gruppen, die großen Wohlstand genießen, und Gruppen, die in unglaublicher Armut leben. Auf der einen Seite gibt es Reichtum und Überfluss, auf der anderen Seite gibt es Armut und Hunger. Selbst im Leben eines durchschnittlichen Menschen gibt es Wohlstand und Sorgen. Es gibt Bequemlichkeiten zusammen mit Unzufriedenheit. Es gibt alles zur gleichen Zeit. Die Besitztümer der Menschen sind mehr geworden, aber die Freude, die Essenz der Freude, ist nicht mehr geworden. Man kann sagen, dass es durch unseren Wohlstand noch mehr Unzufriedenheit gibt als vorher. Der Mensch erkennt, dass äußere Dinge nicht glücklich machen.

Umso wichtiger ist es, mal in sich selbst zu gehen und dort nachzuschauen. „Erkenne dich selbst", so wie der große Meister Swami Sivananda gesagt hat. „Frag: Wer bin ich? Erkenne dein Selbst und sei frei." Der Mensch ist ein wichtiger Teil im Universum. Über alle Stürme, alle Erdbeben und Trockenzeiten und Zyklone hat der Mensch keine Kontrolle. Er hat eine gewisse Kontrolle in seiner Familie, in seinem Leben, in der Gesellschaft, aber selbst dort nur teilweise. Das größte Studium der Menschheit ist die Menschheit selbst. Das menschliche Wesen muss sich selbst verstehen. Der Mensch muss erkennen, was er in Wahrheit ist. Es ist nur das Wissen um die Erkenntnis des Selbst, die wirklich zufriedenstellt. Mit dem Wissen dieser inneren Kräfte kann man lernen, diese Gesetze anzuwenden, welche sich auf den Menschen beziehen. Es ist wichtig, zu verstehen, dass die Erkenntnis des eigenen Selbst allein zum Glück führen kann.

Momentan gibt es einen immer dunkler werdenden Fleck bezüglich der eigenen Natur. Der Durchschnittsmensch weiß wenig über sich selbst und die menschliche Natur. Das Phänomen der Machtansammlung ist heute so weit verbreitet, dass man denkt, es sei normal. Unter Macht versteht man heute die Summe von Mitteln und Fähigkeiten, eigene Absichten durchzusetzen und/ oder die anderer zu kontrollieren oder zu vereiteln (Max Weber). Wir erleben dieses Spiel tagtäglich in der Politik. Jede Gruppe von Menschen versucht, ihre eigenen Interessen zu beschützen und mehr Wissen und Macht für sich selbst zu bekommen und stellt sich dadurch der Kraft des Lebens selbst entgegen und damit gegen den Rest der Menschheit.

Wenn der Mensch sich nicht selbst kennt, wie kann er dann glücklich sein? Wie kann er erfolgreich sein? Es ist so ähnlich, wie wenn jemand nicht sein Auto kennt und einfach losfährt, ohne zu wissen, welches Benzin er braucht, wo es hingehen soll und wie das Auto funktioniert. Der Mensch mag Tausende von Kilometern fahren, vielleicht tankt er falsch oder fährt in die falsche Richtung. Man muss wissen, wo es hingeht. Man muss wissen, wie das Fahrzeug funktioniert. Daher ist „Wer bin ich?" die große Untersuchung.

Soweit die Worte von Swami Chidananda. Das ist eine Übersetzung eines Vortrags aus dem Buch „Lead us from darkness unto light" von Swami Chidananda, einem Schüler von Swami Sivananda.

Und deshalb sollte Selbsterkenntnis für alle ein Thema sein.

Denn letztlich ist es doch so: Nur wenn wir uns selbst kennen, nur wenn wir wissen, wie wir ticken; nur, wenn wir herausgefunden haben, was wir brauchen, was wir wollen, was wir können und was wir uns wünschen: Nur dann können wir uns auch ein gutes Leben schaffen. Ein Leben, das zu uns passt: in dem wir uns wohlfühlen, in dem wir machen, was wir können und was uns Spaß macht, und bekommen, was wir brauchen.

Dabei ist das mit der Selbsterkenntnis eigentlich ganz einfach – zumindest theoretisch: **Stelle dir kluge Fragen und finde dazu die richtigen Antworten.**

Wobei das mit dem Antworten-Finden nicht immer ganz so einfach ist. Das braucht vielleicht etwas Zeit. Eventuell eine helfende Hand. Und ganz oft auch ein bisschen Mut. Aber es zahlt sich aus.

Also, los geht's: Lies doch am besten einfach ein bisschen quer und lass dich von deinem Unterbewusstsein zu der oder den für dich wichtigen Frage(n) leiten.

Warum tue ich, was ich tue?

Warum stehst du morgens auf? Warum arbeitest du? Warum arbeitest du genau dort? Warum räumst du deine Bude auf? Wieso gehst du zum Kegeln? Wieso fährst du gerne Fahrrad? Warum hast du Kinder? Wieso guckst du sonntags Tatort?

Bei diesen Fragen geht es darum, deine Grundmotive herauszufinden. Was tust du, weil du die Erwartungen anderer Menschen erfüllen willst? Was tust du, um deine Bedürfnisse zu erfüllen? Was tust du, weil du sonst unangenehme Konsequenzen befürchtest? Was tust du, weil es dir wichtig ist? Was tust du, weil es dir Spaß macht?

Wie heißt es so schön? „Wer ein ‚Warum‘ zum Leben hat, erträgt fast jedes ‚Wie‘." Und wenn du deine Lebenszeit sinnvoll verbringen möchtest, dann hilft es, sich dessen bewusst zu sein, warum du gerade tust, was du tust.

Wenn heute die Welt untergehen würde: Mit welchen drei Menschen möchte ich dann noch meine Zeit verbringen?

Welche sind die wichtigsten Menschen in deinem Leben? Mit wem umgibst du dich gerne? (Und vielleicht auch: mit wem nicht?) Und wie viel Zeit verbringst du eigentlich mit den wirklich wichtigen Menschen in deinem Leben?
Diese Frage kann ganz schön weh tun. Und die Augen öffnen. Du wärst nicht der Erste, der jetzt erkennt, dass er mehr Zeit mit Menschen verbringt, die er nicht mag, als mit denen, die ihm wirklich etwas bedeuten.

Wo blockieren dich deine Ängste? Wo steht dir deine Unsicherheit im Weg? Was machst du nicht, nur weil du Angst hast, dass du scheitern könntest, abgelehnt wirst oder andere Konsequenzen befürchten musst? Und was wäre möglich, wenn du es einfach mal riskierst, über deinen Schatten springst und es trotzdem tust – trotz deiner Angst?
Angst zu haben, ist vollkommen normal. Sie ist in Ordnung und sie schützt uns ja auch. Aber sie hält uns auch klein und begrenzt unser Leben auf den Umkreis unserer ewig gemütlichen Komfortzone. Dabei lohnt es sich, auch mal über den Tellerrand zu schauen und zu erkunden, was wir eigentlich wirklich gerne tun würden – wenn doch da bloß nicht diese verdammte Angst wäre …

Wo würdest du am liebsten wohnen? Mit wem wärst du gerne zusammen? Wie sind die Menschen um dich herum? Womit möchtest du dich am liebsten beruflich und privat beschäftigen? Womit verbringst du deine Freizeit? Wofür gibst du dein Geld aus? Wie bist du selbst, wie ist dein Grundgefühl in deinem idealen Leben?

Führst du dein ideales Leben, bist du rundum glücklich und zufrieden? Wenn nicht, dann mach mal die Augen zu, stelle dir diese Fragen und male dir dein ideales Leben aus. Denn nichts anderes als das sollte dein Lebensziel sein.

Was macht dich als Mensch aus? Wie wirkst du auf andere und wie bist du eigentlich? Was kann man Gutes über dich sagen – und worüber könnte man eventuell auch lästern?
Wer bist du, was ist dein Wesenskern? Wie sind deine Charaktereigenschaften und was zeichnet dich aus? Manchmal driften da unsere Eigenwahrnehmung und die Fremdwahrnehmung aber auch ganz schön auseinander – deshalb hier mal der Perspektivwechsel. Und wenn du Lust hast: Frag doch einfach mal direkt bei deinen Freunden nach.

Welche sind deine wichtigsten Bedürfnisse? Welches Bedürfnis muss gestillt sein, damit es dir gut geht? Wonach sehnst du dich? Was tut dir gut? Und was fehlt dir in deinem Leben gerade?

Eine Standardfrage, die aber zu Recht hier aufgelistet ist. Denn nur, wenn du weißt, was du zum Glücklichsein brauchst, kannst du dir dieses Bedürfnis auch selbst erfüllen. Ist eigentlich logisch, oder? Und doch ist die Frage gar nicht so einfach zu beantworten …

Wo schränken dich die sozialen Normen ein? Was würdest du machen, wenn du dich ganz frei fühlen würdest? Wenn es nicht darum gehen würde, dass wir einander gefallen wollen und Rücksicht aufeinander nehmen?
Diese Frage führt dich ein bisschen zu deinem inneren Kind, zu dem wilden und ungehemmten Teil in dir. Was würdest du gerne machen, wenn es nicht die Erwartungen und Regeln anderer gäbe? Was könntest du machen und wer könntest du sein, wenn du dich nicht einschränken müsstest?

Wann warst du das letzte Mal vollkommen erfüllt mit Glück? Was zaubert dir ein Lächeln ins Gesicht? Was macht dir richtig viel Spaß? Wann hast du dich das letzte Mal totgelacht? Was tust du, um dich aufzuheitern?

Willst du glücklich sein? Dann mach dich glücklich! Es gibt zig Sachen, die uns glücklich machen. Also: Mach dir am besten eine Liste mit deinen persönlichen Glücksbringern und dann sorg dafür, dass du dich regelmäßig glücklich machst. Geht ziemlich einfach!

Was kannst du gut? Was fällt dir leicht? Was machst du gerne und kommst dabei auch mal in den Flow? Wofür wirst du um Hilfe gebeten? Wann braucht man dich und deinen Rat? Was geht dir leichter von der Hand als anderen?

Hier geht es nicht darum, herauszufinden, worin du der Meister bist. Es geht ganz simpel gesagt um das, was du einfach gut kannst. Deine Stärken. Und die solltest du kennen. Denn wir alle haben mindestens eine Stärke und wenn du einigermaßen glücklich sein möchtest (nicht nur im Beruf), dann solltest du zusehen, dass du deinen Stärken viel Raum zur Entfaltung gibst und dich nicht allzu viel mit deinen Schwächen beschäftigst. Dann ist alles leichter und macht mehr Spaß.

Warum bist du noch nicht da, wo du hinmöchtest? Was blockiert dich noch? Wo ist dein persönlicher Engpass, bei dem sich alle Energie staut und es einfach nicht weitergeht?

Was hindert dich daran, dich auf den Weg zu deinem idealen Leben zu machen? Ist es die Angst, zu scheitern? Ist es, weil du fremden Erwartungen gerecht werden möchtest und sie nicht mit deinen eigenen Zielen vereinbaren kannst? Ist es deine Bequemlichkeit? Oder weißt du vielleicht gar nicht, was du willst? Finde heraus, was es ist, und sieh zu, dass du den Weg dahin freibekommst.

Wovon träumst du? Was willst du mal erlebt haben? Wo willst du dabei gewesen sein? Was willst du unbedingt mal gesehen haben? Jeder von uns hat Träume und Wünsche. Und wenn du dir den einen oder anderen Traum mal erfüllen möchtest, erhöhst du enorm die Chancen, wenn du deine Wünsche mal ganz bewusst formulierst. Und dann kannst du dir bestimmt den einen oder anderen Traum auch erfüllen (lassen).

Welche sind deine wichtigsten Werte, die du vertrittst? Was würdest du vermissen, wenn du es nicht mehr hättest? Wofür möchtest du einstehen? Wofür bist du bereit zu kämpfen? Worüber regst du dich tierisch auf (welcher Wert wird in dem Fall missachtet)? Wovon braucht die Welt mehr?

Zugegeben: Die Frage nach deinen Werten ist ein bisschen zu groß für diesen kurzen Text. Aber du solltest (!) deine wichtigsten Werte kennen. Denn deine ureigenen Werte sind deine Richtungsweiser im Leben. Und du kannst nur dann ein gutes Leben führen, wenn du es in Einklang mit deinen Werten führst. Du hast nur Spaß bei der Arbeit oder in deiner Beziehung, wenn die Wertvorstellungen passen. Und du kannst bessere Entscheidungen treffen, wenn du deine Werte kennst. Also befass dich bitte damit.

Womit würdest du dich beschäftigen? Was würdest du machen, wenn du unbegrenzt Zeit (und Mittel) hättest? Wofür möchtest du morgens aufstehen? Wo würdest du gerne mehr Energie und Schaffenskraft reinstecken?

Wenn du diese Frage für dich beantworten kannst, dann kommst du vielleicht schon einen Schritt weiter in Richtung „Sinn des Lebens". Wie würdest du deinem Leben einen Sinn geben?

Ich gehe mal davon aus, dass du dann nicht einfach nur 24 Stunden, 7 Tage die Woche vor der Glotze hängst. Was würdest du machen? Wie würdest du deine Zeit und dein Geld einsetzen? Auch diese Frage bringt dich näher an das heran, was dir eigentlich wichtig ist. Was du eigentlich gerne machen würdest (wenn du doch nur mehr Zeit und Mittel hättest).

Und zum Weiterdenken: Wie kannst du das trotz deiner Arbeit und deiner begrenzten Mittel vielleicht schon im ganz Kleinen in dein Leben bringen?

Damit sind zumindest in groben Zügen die Anlagen, Eigenschaften und Prozesse angesprochen, die man auf dem Weg zur Erkenntnis seines wahren Selbst in sich verstehen, integrieren, harmonisieren und auch aktivieren muss. Dabei startet man letztendlich damit, dass man sich dessen bewusst wird, was die eigene Essenz ist, das eigene Königreich, das eigene Umfeld und was man hier im Rahmen der Möglichkeiten der vier Elemente Erde, Feuer, Luft und Wasser alles erreichen kann. Im gleichen Kontext muss man aber auch verstehen, dass es sich immer um meinen Schöpfungsprozess handelt, was im Umkehrschluss bedeutet, dass es auch immer wieder zu einer Zerstörung kommen kann. So wird in zyklischen Abständen das eigene Leben immer wieder damit konfrontiert werden, dass die eigene Existenz, das selbst erschaffene Königreich, das eigene Heim, die eigene Ordnung, die lieb gewonnenen Beziehungen ins Chaos gestürzt werden. Die vermeintlich geordneten Verhältnisse werden von heute auf morgen einer übermenschlichen Anarchie übergeben, sodass das eigene Leben im wahrsten Sinne des Wortes auf den Kopf gestellt wird. In solchen Situationen wird dann auch geprüft, ob man sein Fundament aus Stein bzw. aus anderen eher unzerstörbaren Elementen erschaffen hat oder ob man sein Fundament auf Sand gesetzt und einen Koloss auf tönernen Füßen errichtet hat.

In solchen Momenten muss man stark sein und wissen, wer und was man ist, damit man sich darauf besinnen kann, welche festen Grundwerte man in seinem eigenen, innersten Kern hat. Das Fundament des eigenen Selbst sollte sich bereits so fest manifestiert haben, dass man von seinem Boden aus erneut zu den höheren Regionen starten und seine innere feste Burg errichten kann. Und wenn man dies gemeistert hat, geht die Reise weiter, sodass man seine eigene Mentalität, seine eigene Kausalität, seine eigene Botschaft und seine innere Heilung meistern kann.

Doch auch dann gibt es natürlich wieder eine Gegenbewegung, die hier in den Argwohn, in die Listigkeit und in die Konfusion geht, sodass man immer wieder genau hinschauen und prüfen muss, ob die eigene Mentalität, die Logik und die Gesundheit so konzipiert sind, dass sie den kosmischen Ansprüchen genügen können. Erst wenn man das bejahen kann, geht es weiter in die eigene Emotionalität, in die Intuition, in den eigenen Ursprung und in die eigene Erkenntnis, dass es hier um das wahre, eigene Selbst im Einklang mit dem Universum geht.

Nur auf diesem Wege kann man seinen Sieg erringen, seinen Sieg über sich selbst, seinen Sieg über seine niederen Triebe, den Sieg über seine Inkarnation, sodass man damit beginnen kann, seine Lebensaufgaben zu erkennen, zu verstehen, anzunehmen und zu bearbeiten, sodass man diese vollkommen erfüllen kann.

Im gleichen Atemzug möchte ich aber auch hier erwähnen, dass wir in einer dualen Welt leben, sodass man seine Intuition auch wieder verlieren und in einen regelrechten Teufelskreis hineingleiten kann. Alles, was auch nur passieren kann, wird in eine Niederlage hineingedrückt, und man muss sich selbst daraus befreien, aus der Begrenztheit, der geistigen Armut, der Bedeutungslosigkeit und dem geistigen Niedergang. Und auch dies wird nicht einfach sein, aber im Erfolgsfall dafür umso lohnender, da danach in einem nächsten Schritt die Schönheit und die Harmonisierung des Lebens erreicht werden können. Man wird sein wahres, höheres Selbst und damit die eigene Essenz erreichen, seine innere Sonne, sodass man sich fortan selbst erleuchten kann. Und damit kann man sein eigenes, goldenes Herz zum Schlagen bringen. Und dies ist dann der wahre Schritt zur Erleuchtung.

Doch Vorsicht! Erst wenn man sich wirklich und wahrhaftig kennt, nachdem man all seine Facetten im Licht, im Zwielicht, im Schatten und auch in der eigenen Finsternis erkannt und verstanden hat, kann man sich in die höheren Regionen wagen, weil es ein sehr großes Gefahrenpotenzial darstellt, wenn man die eigenen niederen Beweggründe doch noch nicht unter Kontrolle hat. Denn nur wenn man die eigene Dummheit, die eigene

Unvernunft und die eigene Triebhaftigkeit begreift, versteht, annimmt und transformiert, wird man in den Bereich der Weisheit, des Verständnisses, der kosmischen Entdeckung und der universellen Energie gelangen.

Doch wenn man dann die eigene innere Meisterschaft erlangt hat, wird man in die Allwissenheit gelangen, wobei man vorher in den Abgrund schauen, in das Angesicht des Todes gelangen muss, um hier die Prüfung des Versagens zu durchleben und tatsächlich zu durchleiden. Man wird im Abgrund zerstört, verbrannt und damit vollkommen vernichtet werden, sodass man sich danach neu arrangieren, vollkommen neu erfinden, neu erschaffen und neu schöpfen kann, wodurch man im wahrsten Sinne des Wortes ein Phönix aus der Asche wird und ist.

Dieser Prozess der Selbsterkenntnis kann erst dann erfahren werden, wenn man sein höheres Selbst kontaktiert und begriffen hat, welche Lebensaufgaben man in der aktuellen Existenz besitzt und welche offenen Existenzaufgaben noch nicht bewältigt worden sind. Dabei geht es im Ergebnis um ein energetisches Konzept, das auf die universelle Essenz, also die Macht der Quelle, abzielt, was wiederum bedeutet, dass man als Mensch zunächst verstehen muss, dass man in die Selbstverwirklichung eintreten kann, wenn das höhere Selbst, der wahre Wille, kontaktiert und erleuchtet wurde. Erst durch die Verbindung mit dem eigenen höheren Selbst wird man auf Energien zurückgreifen können, auf Netzwerke, auf im Universum liegende Möglichkeiten, die Gigantisches bewirken können. Dabei ist es nicht wirklich ein Geheimnis, dass eben nicht jedes Mal etwas geschieht, wenn man glaubt, eine Veränderung herbeizuführen. Man kann sein eigenes Leben ändern und nicht zuletzt auch gewisse Verhaltensweisen im eigenen Umfeld, doch sollte man sich nicht der Illusion hingeben, dass solche Veränderungen auch immer kosmische Auswirkungen haben können. Darüber würde sich zwar das Ego freuen, aber für die allgemeine, gemeinsame Realität, die man sich mit den anderen Menschen teilt, hätte das eher fatale Folgen.

Zum Glück ist in diesem Kontext eine der größten Hürden der Zweifel selbst, der sich tief im Verstand versteckt hat und sich niemals völlig auflösen wird. Zweifel ist immer da, und das ist auch gut so. Man sollte ihn nicht als Feind oder Gegenspieler sehen, sondern eher als Wächter und Freund, der es vom Ergebnis her gut mit uns meint, da wir uns sehr schnell selbst zerstören würden, wenn wir jederzeit mit dem „Glauben Berge versetzen" könnten. Letztlich geht es hier doch um die eigenen Lebens- und Existenzaufgaben. Man kann sich das so vorstellen, dass man sich ganz einfach wie eine Spielfigur auf dem Schachbrett an die geltenden Spielregeln halten muss, auch wenn man selbst gleichzeitig als Spielgestalter, Gegenspieler und Beobachter der Schachpartie fungiert. Wenn man dann irgendwann einmal wirklich erleuchtet ist und auch seinen Platz in der vorgesehenen Existenz eingenommen hat und diesen auch selbstbestimmt ausfüllen will, verändert sich das Leben dahingehend, dass der wahre Wille und die Erfüllung der Lebens- und Existenzaufgaben das Alpha und Omega im Leben werden.

Aber auch dann will man noch seine Profanität bestreiten können und ganz normal arbeiten gehen können, um im eigenen Umfeld so zu leben, dass man auch vernünftig zurechtkommt. Doch durch den Zustand der inneren Erleuchtung verlieren die verschiedenen Spielarten, um die es im normalen Leben so geht, das sind die Spiele um Ansehen, um Reichtum, um Aufmerksamkeit, um die Befriedigung der eigenen Gelüste, fast vollkommen an Bedeutung. Das neue Haus, das tolle Auto, das nächste Smartphone, alles Dinge, die man sowieso nicht in die nächste Emanation mitnehmen kann. Meine Oma pflegte dazu nur zu sagen: „Junge, ein Totenhemd hat keine Taschen." Durch die verschiedenen Energieimpulse, durch die Möglichkeiten, die man im Rahmen der Erleuchtung erhält, werden natürlich Erfahrungen und Fähigkeiten generiert, die im Endeffekt auch dem Bewusstsein der Quelle zugutekommen.

Letztlich kann man wohl ohne Übertreibung sagen, dass jeder von uns durch die individuellen Arbeiten am großen Werk mit dafür verantwortlich ist, dass die Quelle allen Seins, in unserer

Kultur also Gott oder universeller ausgedrückt, das Prinzip, welches man als „Alles, was ist" bezeichnen kann, durch diese Arbeiten, Tätigkeiten, Ausführungen und Möglichkeiten das Dasein der Schaffenden erfährt, sodass sich schon daraus der Grund für das All-Sein erklären lässt: die Selbsterfahrung der Quelle.

Allerdings lässt sich selbst dadurch eine Wahrheit nicht ersparen. Auch nach der Erleuchtung bleibt die äußere Welt dieselbe. Die Arbeit nimmt kein Ende, das Smartphone gibt seinen Geist auf, der Zug hat Verspätung, der Streit mit den eigenen Kindern ist schmerzhaft. Das sind (leider) lästige Tatsachen, die zum Leben gehören wie der Wind zum Segeln. Die Widrigkeiten des Alltags bleiben erhalten. Aber man wird ihnen gelassener begegnen.

Da wir sterblich sind, altern wir und sterben. Wir sterben aber nur, um zu leben, und fallen nur, um wieder aufzustehen. Schon vor unserer körperlichen Geburt ist es jedem von uns bestimmt, häufig und heftig hinzufallen. Denn nur dies führt uns zum spirituellen Aufstieg, der dann zur höchsten Vollendung führt. Unser materielles Selbst erzeugt sein eigenes endliches Feld, das dem Diktat und den Begrenzungen durch Raum und Zeit unterworfen, also temporär beschränkt ist. Außerdem ist es mit Fehlern behaftet und verwundbar. Im Gegensatz dazu ist unser ewiges Selbst unsterblich, vollkommen und allmächtig. Das Überbewusstsein steht im Einklang mit dem Universum, was bedingungslose und ungeteilte Ganzheit zur Folge hat: Gutes und Schlechtes sind untrennbar miteinander verbundene Teile des Ganzen. Unser Selbst ist, wenn es sich mit dem Überbewussten verbunden hat, zudem der Resonanzboden für unsere Transformation. Wir müssen uns allerdings darüber im Klaren sein, dass jede tiefere Erkenntnis sehr häufig mit großen Qualen verbunden sein kann, da diese im Ergebnis alle Illusionen vernichtet, mit denen wir uns vorher über unser materielles Selbst identifiziert haben.

Wer beide Pole des Lebens durchleben durfte, wird die Demut erfahren, die es erlaubt, beide Polaritäten aus der Distanz zu sehen, statt daran festzukleben. Mit beiden Polaritäten im Blick lässt sich die eigene Existenz in jeder Phase mit einer tiefen inneren Freude erfahren. Ich erfreue mich am Leben allein aufgrund der Tatsache, dass es existiert.

NACHWORT

Warum schaut unser Ego eigentlich recht häufig in den Spiegel? Wie bereits festgestellt, denkt unser Ego immer wieder, dass es der liebe Gott sei, und erschafft sich selbst nach dessen Ebenbild und sieht sich dabei als großes Vorbild für „seinen" Menschen. Die Wahrheit ist allerdings eine andere. Das Ego ist in Wirklichkeit nichts und hat Angst vor dieser Wahrheit und vor allem davor, dass wir das herausfinden.

Typische Abwehrmechanismen des Egos sind psychologische Strategien, die das Ich vor unangenehmen Gefühlen oder Bedrohungen schützen sollen. Dazu gehören:

Verdrängung: Unangenehme oder schmerzhafte Empfindungen werden aus dem Bewusstsein verdrängt.

Projektion: Unerwünschte eigene Eigenschaften oder Gefühle werden auf andere Personen übertragen.

Rationalisierung: Fehlverhalten wird mit scheinbar logischen Gründen gerechtfertigt.

Reaktionsbildung: Inakzeptable Gefühle werden ins Gegenteil verkehrt.

Regression: Rückfall in frühere Entwicklungsphasen als Reaktion auf Stress.

Sublimation: Nicht erfüllbare Wünsche werden auf andere Lebensbereiche übertragen.

Identifikation: Man identifiziert sich mit einer stärkeren Persönlichkeit, um eigene Selbstzweifel zu überdecken.

Diese Abwehrmechanismen dienen dazu, das Ego vor psychischen Verletzungen zu schützen und negative Erfahrungen zu vermeiden. Sie können unbewusst aktiviert werden und beeinflussen unser Verhalten und unsere Entscheidungen. Es ist wichtig, zu verstehen, dass diese Mechanismen ursprünglich als Schutzfunktion entwickelt wurden, aber auch hinderlich sein können.

Wenn ich eine Erkenntnis nennen müsste, die in meinen Augen den größten Nutzen auf dem spirituellen Weg hat, dann wäre es das Spiegelgesetz, was Folgendes aussagt: „Alles, was in meinem Leben auftaucht, ist ein Spiegel meines Bewusstseins und zeigt mir mein eigenes Inneres."

Das Leben selbst hat an und für sich keine Bedeutung. Die muss man ihm schon selber geben. Das Leben hat für mich nur einen Zweck: Selbsterkenntnis. Und alle Umstände, Personen und Situationen bilden eine einzige gutmütige Verschwörung, die mir alles bietet, was ich benötige, um meine Wunden zu heilen, mein Potenzial zu verwirklichen und mein wahres, ewiges Wesen zu erkennen.

Der Weg durch mein Leben ist der Weg durch mein eigenes Inneres, alles, was passiert, dient meiner Evolution und alle Menschen und Geschehnisse tragen eine Botschaft für mich. Dabei geht es niemals um etwas „da draußen", sondern immer um ein Spüren tief in mir selbst.

Das Leben ist der perfekte Lehrer, denn es stellt mir genau die Lektion, die gerade an der Reihe ist, in genau dem Tempo, das meine Seele vorgibt. Aber dazu muss ich mich voll auf das Leben einlassen, auf das Fühlen, das Menschsein. Das Leben ist der kürzeste Weg, es gibt keine Abkürzungen, es gibt keinen Hinterausgang, aus dem man heraus meditieren könnte – der einzige Weg führt mitten hindurch. Das Leben ist genau die Erfahrung, die meine Seele zur Heilung braucht, deshalb bin ich hier. Alle

Widerstände, alle Fluchttendenzen und alle Anhaftungen sind genau die Wunden, die es zu heilen gilt, um wieder ganz zu werden.

In diesem Leben erfahre ich die Auswirkungen meiner Schöpfungen als Geistwesen, erlebe ich noch einmal die Erinnerungen aus vielen Leben, die ich noch nicht gehen lassen konnte. Mitten im Alltag, zwischen Einkauf und Abwasch, steckt mehr Magie, als wir uns vorstellen mögen. In so vielen kleinen Details, in all den winzigen Empfindungen verborgen, liegen Türen zu meinem Inneren.

Solange ich schlafwandele, bin ich taub gegen diese Rufe der Seele, blind gegen die Einladungen, frei zu werden. Aber der Moment, an dem das Spiegelgesetz wirklich verstanden wird, ändert die Einstellung zum Leben völlig. Statt es bloß zu ertragen, es kontrollieren oder verbessern zu wollen, beginne ich, ihm zuzuhören, zu fühlen, mit dem Leben zu arbeiten, seinen Fluss zu erkennen, die Magie zu spüren, den Sinn und die liebevolle Absicht.

Spiegelgesetz: Es geht ums Gefühl

Ich beobachte immer wieder, dass viele Menschen das Spiegelgesetz zwar kennen und auch irgendwie daran glauben – aber es nicht wirklich auf ihr Leben anwenden. Wann immer es haarig wird und die Emotionen sich machtvoll zu Wort melden, geht man leicht wieder verloren in Projektionen auf andere oder die Umstände des Lebens – und verpasst dabei die tiefere Erkenntnis. Das Spiegelgesetz geht nicht an und aus. Es gilt immer, mit absoluter Sicherheit vor allem da, wo starke Emotionen sind.

Wissen ist nicht gleich Erkenntnis und Realisation. Vom Spiegelgesetz zu wissen, bedeutet noch nichts, es ist weniger ein Konzept als eine Art, dem Leben zu begegnen, jeden Tag, in jeder einzelnen Minute. Etwas, zu dem man mit der Zeit wird.

Eine andere Sache, die ich beobachte, sind stark vereinfachende Vorstellungen über das Spiegelgesetz. Oft liest man so etwas wie: „Was immer du am anderen kritisierst, trägst du in deinem eigenen Inneren." Das zu glauben, heißt in meinen Augen, das Spiegelgesetz gründlich misszuverstehen und auf einer mentalen Ebene stecken zu bleiben.

Die Funktion des Spiegels ist es, Situationen zu kreieren, die bestimmte Gefühle in uns aktivieren, seien es Wunden, Anhaftungen oder blinde Flecken, und das Bewusstsein auf diese Verzerrungen zu lenken. Es geht um ein Bewusstmachen und Erkunden dieser Bereiche in uns. Das heißt, es geht immer um das Gefühl, das eine Situation in uns auslöst, nicht um eine mentale Analyse der äußeren Umstände. Intellektuelle Erkenntnis bildet einen gewaltigen Zusatznutzen und findet als Ergebnis der Erkundung der Gefühle statt.

Ein Beispiel, um es plastischer zu machen: Wenn ich sauer auf meinen Partner bin, weil er so unordentlich ist, heißt das nicht unbedingt, dass ich selbst eigentlich unordentlich bin und das an mir nicht leiden kann (wie manche Auslegungen des Spiegelgesetzes glauben machen wollen). Es kann vielmehr alle möglichen Dinge heißen. Die Frage lautet: Was fühle ich? Habe ich gerade Angst, die Kontrolle zu verlieren, und brauche deshalb äußere Ordnung? Oder fühle ich mich ausgenutzt? Oder erlaube ich mir selbst nicht, mich gehen zu lassen, und bin neidisch?

Je nachdem, was ich fühle, kann mir ein und dieselbe Situation also ganz verschiedene Dinge spiegeln. Was außen passiert, ist nicht so wichtig wie das, was ich dabei fühle.

Arbeiten mit dem Spiegelgesetz

Erst über das Gefühl verstehe ich also, was sich wirklich für mich in einer Situation zeigt. Und auch wenn ich sicherlich auch äußerlich irgendwie in der Situation reagieren werde und meine

Gefühle an meine Mitmenschen kommuniziere, projiziere ich meine Emotionen nicht mehr, wenn ich das Spiegelgesetz wirklich verstanden habe. Die Frage ist nun: Was tue ich damit?

Zunächst fühle ich das Gefühl vollständig, schaue, was vielleicht noch tiefer darunterliegt. Welche Emotionen sind da? Kann ich sie vollständig erlauben und für sie da sein? Was will ich, was fehlt mir? Welche authentische Sehnsucht liegt unter aller Emotion? Und dann halte ich Ausschau nach einer höheren Wahrheit über die Situation: Wie kann sich mein wahres Wesen in dieser Situation ausdrücken? Was möchte geschehen, vom tiefsten und höchsten Punkt aus, zu dem ich Zugang habe? Gibt es eine neue Art zu sein, die sich wahrer, richtiger, heiler und stimmiger anfühlt?

Indem ich permanent mit meinem Gefühl verbunden bleibe, alle Emotionen erlaube, aber wach bleibe in ihnen und nach und nach immer mehr meines Ausdrucks aus den Klauen von Konditionierungen, Glaubensmustern und Traumata befreie, kann sich meine Seele immer unverfälschter ausdrücken – mein wahres Ich, höheres Selbst oder wie immer man es nennen mag.

Je offener, wacher und bewusster ich lebe, desto mehr Feinheiten nehme ich wahr. Die Synchronizitäten, die Botschaften in kleinen Dingen, die meine Aufmerksamkeit einfangen – das Leben beginnt, zu sprechen.

Seelenessenzen: Auf der Suche nach uns selbst

So, wie ich es sehe, ist der Sinn des Lebens die Selbsterkenntnis und Selbstbefreiung. Und das Leben hilft uns, all das wiederzufinden, was wir vielleicht auf unserem Weg durch zahllose Leben verloren haben. Was immer wir im Äußeren suchen, ersehnen oder erhoffen, das suchen wir eigentlich in uns selbst. Und was immer wir bewundern und beneiden, ist in Wirklichkeit eine Essenz unserer eigenen Seele, die sich noch nicht voll ausdrücken kann.

Wir laufen durch die Welt auf der Suche nach den verlorenen Puzzleteilen unseres Selbst. Ich nenne diese Puzzleteile Seelenessenzen, denn auch sie sind nichts Festes, sondern ein Gefühl, eine Seinsart, eine bestimmte Energiefrequenz, die in uns vielleicht verzerrt oder verschüttet ist und darauf wartet, wieder voll durch uns erklingen zu können. Die Seele ist eine Mischung aus ganz bestimmten Frequenzen, eine einmalige Kombination von Schwingungen, die nur durch uns zum Ausdruck kommt. Je klarer, reiner und entspannter wir werden, desto besser eignen sich unser Körper und Geist als Instrument in der großen Symphonie des Kosmos.

In meiner Wahrheit besteht unsere Bestimmung darin, genau das auszudrücken, was wir sind – nicht darin, irgendetwas Bestimmtes zu tun. Es gibt nicht einen, sondern viele Wege, wir selbst zu sein, denn wir sind keine Persönlichkeit, sondern ein Fluss aus Frequenzen. Wir sind nicht Künstler, wir sind Kreativität, wir sind nicht Lehrer, sondern Klarheit. Es geht wieder einmal um das Gefühl, die Essenz. Ziel aller Arbeit mit dem Spiegelgesetz ist es, frei zu werden, unsere Seelenessenzen wieder voll auszudrücken.

Was wir bewundern, kann uns oft einen Hinweis geben, was wir eigentlich sind. Bewunderung ist sozusagen die Sehnsucht der Seele nach sich selbst. Nach Essenzen wohlbemerkt! Wenn wir Fallschirmspringer bewundern, sehnen wir uns nicht unbedingt nach Fallschirmspringen, sondern erinnern uns vielleicht an Mut, Freiheit und Wildheit – Essenzen, nicht Dinge oder Tätigkeiten. Die Frage ist nicht „Was soll ich tun?" sondern „Wie bin ich wirklich?"

Selbstheilung: Durch die Schichten des Fühlens

Die Arbeit mit dem Spiegelgesetz ist also vor allem ein Weg des Fühlens. Dabei geht es fast immer durch mehrere Schichten. Für mich hat sich diese Reihenfolge gezeigt:

Angst ► Wut ► Schmerz ► unerfüllte Sehnsucht ► Seelenessenz

Nicht immer kommen alle Schichten vor, aber dies ist trotzdem eine gute Richtschnur.

Zunächst ist da die Angst – meist die Angst, das Thema zuzulassen, den verdrängten Schmerz überhaupt wieder zu fühlen. Dann Wut – eine natürliche Abwehrreaktion des Körperverstandes, die vermeintliche Quelle des Schmerzes zu beseitigen. Dann der Schmerz selbst in seinen verschiedenen Formen.
Darunter liegt eine Sehnsucht, die nicht erfüllt wird und uns eben deshalb Schmerzen bereitet.
Und darunter liegt die Lösung – nämlich dass diese Sehnsucht in Wahrheit eine Sehnsucht nach uns selbst ist, deren Erfüllung wir irrtümlich in der Welt gesucht haben.

Wirkliche Heilung ist für mich die Reintegration der Seelenessenz und identisch mit Selbstverwirklichung.

Nicht immer findet irgendein Verstehen der Essenz statt, intellektuelles Verstehen ist auch nicht wichtig. Fast immer erkennt man aber die Sehnsucht. Besonders Traumata können sich jedoch einfach auflösen, nachdem sie völlig gefühlt wurden und die eingeschlossene Energie wieder frei fließen kann – ohne dass irgendeine intellektuelle Erkenntnis stattfindet.

Damit das geschehen kann, berühren wir jedoch in der Heilung Essenzebenen, die uns allen gemeinsam sind: Akzeptanz, Liebe, Frieden, Güte und Vergebung zum Beispiel.

Spiegelgesetz: Der organische Weg

Die Arbeit mit dem Leben und dem Spiegelgesetz empfinde ich als den natürlichen spirituellen Weg, weshalb ich diesen Weg auch den organischen Weg nenne. Das Leben ist wirklich perfekt, wir brauchen es nicht zu manipulieren und wir brauchen in meinen Augen auch keine künstlichen spirituellen Religionen oder Systeme, um frei zu werden.

Es reicht ein Blick in die Natur, um zu erkennen, dass der Fluss des Lebens intelligenter ist als alles, was sich unser Geist ausdenken könnte. Es liegt an uns, dem Leben zu vertrauen, dass es uns unterstützt, lehrt und nährt, auch in den Zeiten, in denen es scheinbar grausam ist. Für mich gibt es nichts, dem wir mehr vertrauen könnten als dem natürlichen Fluss. Ja, manchmal fließt er wild. Ja, er spült viele Widerstände einfach fort, und es ist schmerzhaft, sich zu widersetzen. Ja, er duldet kein Festhalten am Ufer. Ja, er schüttelt uns manchmal so lange durch, bis wir aufgeben und ganz weich werden in seinen wirbelnden Stromschnellen. Aber er fließt in unserer Geschwindigkeit. Und er fließt immer weiter, bis nur noch lebendige Freiheit, Hingabe und der pure Fluss des Seins übrig bleiben.

Die packenden Worte aus einem persönlichen Brief einer guten Freundin zeigen, dass wir uns häufig davor fürchten, weit über uns hinauszuwachsen. Lieber halten wir uns klein, um uns selbst und die anderen Menschen um uns herum nicht zu verunsichern.

„Erst das Loslassen der Linearität schenkte mir Reichtum und Leichtigkeit. Wahres Selbstvertrauen und bedingungslose Liebe. Chaos ist unsicher. Und gefährlich auch. Planung ist sicher. Dachte ich. Hatte ich auch so gelernt.

Und wieder schenkte ich dem wundervollen Moment keine Anerkennung. Nicht die, die ihm gebührte. Fühlte nicht die wohlig weiche Dankbarkeit, die zu fühlen war.

Und wieder war ich gefangen in den Planungen meiner nächsten Schritte und in den Aufgaben und Erwartungen, was wohl jetzt der nächste Schritt sein sollte. Was es jetzt noch zu planen gäbe.

Fühlte nicht den Moment. Und das, was er mir gerade Wundervolles schenkte.

Fühlte nicht mein Herz. Vertraute meiner Seele nicht. Die mich förmlich anflehte vor lauter Abenteuerlust und vertrauender bedingungsloser Liebe. Leise. Wohlwollend. Meine Seele, die mich rief. Geh. Mach. Vertrau. Ja. Ja. Ja.

Aber. Und wieder folgte ich der Linearität meines Verstandes. Erst das. Dann das. Und ohne das geht es nicht. Und merkte gar nicht, was ich in diesem Moment einzigartig Wertvolles schon in den Händen hielt. Es war schon da.

Ansichten und Bewertungen folgend, die sich sicher anfühlten. Logisch. Linear. Sicher. Es aber in Wahrheit gar nicht waren. Und dann verlor ich alles.

Die mein Herz hüpfen und tanzen lassende nährende Seelenpartnerschaft.

Den nicht geliebten, aber ach so sicheren Job.
Mein nach außen gelebtes und so sehr sichtbares Selbstvertrauen.
Meine vorsichtig und in Sicherheit geplante nebenberufliche Selbstständigkeit. Auf dem sicheren Fundament geplant, was meine Vita so alles hergab. Logisch. Linear.

Mein ach so schönes, sicher geplantes weiteres Leben.
Wow!
Was war nun wohl der nächste lineare und logische Schritt, schrie mein Verstand?
Hand in Hand mit meinem mächtigen Unterbewusstsein.
Dem nur nach Sicherheit schreienden Anteil in mir.

Ich stand vor einer Entscheidung. Der bisher größten und schmerzlichsten, im Rückblick aber geilsten, liebevollsten und auch – hör genau zu – sichersten meines Lebens.

Ich entschied mich, die Sicherheit aufzugeben und das Chaos
lieben zu lernen.

Und in diesem Moment beschloss ich auch, einer neuen Regel
in meinem Leben zu folgen. Mit voller Absicht ins Chaos
zu springen, ohne Netz und doppelten Boden.
Aber und mit weit geöffnetem Herzen. Und vor Lebensfreude
jubilierender Seele.
Schutzlos. Nackt. Echt.

Und ab diesem Moment stellte ich mich meinen Schatten. Meinen
Ansichten und Bewertungen. Und öffnete mich der Liebe und dem
Vertrauen in mir. Meiner Seele. Meiner unendlichen Liebe und
Schöpferkraft. Dem Reichtum in mir.
Und verabschiedete mich von der ach so
sicheren Linearität meines Lebens.
Und begrüßte das exponentielle Wachstum in mir. Mein Außen
folgte sofort, den wundervollen universellen Gesetzen folgend:

Das Leben ist nicht linear.
Lebensfreude ist nicht planbar.
Sicherheit ist eine Illusion.
Selbstvertrauen kannst du dir nicht erdenken und erwünschen.
Oder erarbeiten. Du darfst es erfahren.

Deine wahre Lebensaufgabe kannst du erst leben, wenn du wirk-
lich frei bist. Finanziell frei.
Du kannst erst wirklich planen und ordnen, wenn das Chaos
längst da ist. Wenn du über beide Backen drinsteckst. Du das
Leben lebst, welches du wirklich mit Haut und Haaren möchtest.
Du deinem Herzen und der Freude folgst. Dann folgt auch der
Reichtum. Und mit ihm die wundervolle Freude und Leichtig-
keit."

LITERATURHINWEISE

Moritz Boerner	Byron Katies The Work (1999).
Dieter Broers	Gedanken erschaffen Realität (2010).
ders.	Der Matrix Code (2022).
ders.	Gedanken erschaffen Realität (2022).
Rhonda Byrne	The Secret: Das Geheimnis (2007).
Paulo Coelho	Der Alchemist (1996).
Dr. Joe Dispenza	Werde übernatürlich: Wie gewöhnliche Menschen das Ungewöhnliche erreichen (2017).
ders.	Ein neues Ich: Wie Sie Ihre gewohnte Persönlichkeit in vier Wochen wandeln können (2019).
Linda Howe	Akasha-Chronik – Dein Schlüssel zum universellen Buch des Lebens (2023).
Annika Lameyer	Träume verstehen & deuten (2023).
Éliphas Lévi	Der Schlüssel zu den großen Mysterien (1981).
ders.	Die salomonischen Schlüssel (2008).
A. Maskowski	Einstein – Einsicht in seine Gedankenwelt (1922).
Klaus P. Medicus	Quantenintelligenz (2012).
Erwin Schrödinger	Geist und Materie (1989).
Jörg Starkmuth	Die Entstehung der Realität (2009).
Eckart Tolle	Jetzt! Die Kraft der Gegenwart (2004).
Doreen Virtue	Mut zur Kreativität (2016).
dies.	Bewahre dein inneres Strahlen.
Sylvester Walch	Vom Ego zum Selbst (2011).
Paul Watzlawick	Die erfundene Wirklichkeit (1981).
Ulrich Warnke	Quantenphilosophie und Spiritualität (2024).